CAMBRIDGE LIBRARY COLLECTION

*Books of enduring scholarly value*

## Linguistics

From the earliest surviving glossaries and translations to nineteenth-century academic philology and the growth of linguistics during the twentieth century, language has been the subject both of scholarly investigation and of practical handbooks produced for the upwardly mobile, as well as for travellers, traders, soldiers, missionaries and explorers. This collection will reissue a wide range of texts pertaining to language, including the work of Latin grammarians, groundbreaking early publications in Indo-European studies, accounts of indigenous languages, many of them now extinct, and texts by pioneering figures such as Jacob Grimm, Wilhelm von Humboldt and Ferdinand de Saussure.

## Principes de l'étude comparative des langues

Principes de l'Étude Comparative des Langues was one of the earliest products of the nineteenth century's burgeoning interest in philology. It is a wide-ranging comparative analysis of languages by the French diplomat Baron de Merian, a contemporary of Wihelm von Humboldt and precursor of Franz Bopp and August Schleicher (also published in this series). Published shortly after the author's death in 1828, this meticulous study is the result of twelve years of painstaking work. Merian concisely maps out the languages of the world, and attempts to trace all major dialects back to a common root. He ably demonstrates his competence as a philologist, illustrating his argument through extensive charts and tables, and does not shy away from topics such as Basque and Native American vocabulary which still pose problems for linguists today. The book includes additional analysis of Hebrew and Arabic and their supposed similarities to Sanskrit by Merian's friend and colleague M. Klaproth. Though many of Merian's theories have since been disproved, his pioneering work deserves its place in the history of linguistics.

Cambridge University Press has long been a pioneer in the reissuing of out-of-print titles from its own backlist, producing digital reprints of books that are still sought after by scholars and students but could not be reprinted economically using traditional technology. The Cambridge Library Collection extends this activity to a wider range of books which are still of importance to researchers and professionals, either for the source material they contain, or as landmarks in the history of their academic discipline.

Drawing from the world-renowned collections in the Cambridge University Library, and guided by the advice of experts in each subject area, Cambridge University Press is using state-of-the-art scanning machines in its own Printing House to capture the content of each book selected for inclusion. The files are processed to give a consistently clear, crisp image, and the books finished to the high quality standard for which the Press is recognised around the world. The latest print-on-demand technology ensures that the books will remain available indefinitely, and that orders for single or multiple copies can quickly be supplied.

The Cambridge Library Collection will bring back to life books of enduring scholarly value (including out-of-copyright works originally issued by other publishers) across a wide range of disciplines in the humanities and social sciences and in science and technology.

# Principes de l'étude comparative des langues

*Suivis d'observations sur les racines des langues sémitiques*

Andreas Adoph von Merian
Julius Heinrich Klaproth

CAMBRIDGE UNIVERSITY PRESS

Cambridge, New York, Melbourne, Madrid, Cape Town, Singapore,
São Paolo, Delhi, Dubai, Tokyo

Published in the United States of America by Cambridge University Press, New York

www.cambridge.org
Information on this title: www.cambridge.org/9781108006859



This edition first published 1828
This digitally printed version 2009

ISBN 978-1-108-00685-9 Paperback

# PRINCIPES
DE
# L'ÉTUDE COMPARATIVE
## DES LANGUES,

PAR LE BARON DE MERIAN.

SUIVIS

## D'OBSERVATIONS
SUR LES RACINES DES LANGUES SÉMITIQUES;

PAR M. KLAPROTH.

**PARIS.**

SCHUBART ET HEIDELOFF, ÉDITEURS,

QUAI MALAQUAIS, N° 1.

**LEIPZIG.**

PONTHIEU, MICHELSEN ET Cie.

1828.

# PRÉFACE.

L'OUVRAGE qu'on va lire a pour objet de démontrer que les racines de toutes les langues du monde sont originairement les mêmes, et que des formes semblables se montrent dans les idiomes des peuples qui présentent entre eux les plus grandes différences sous le rapport des traits du visage et de la conformation du crâne. Ce résultat important est le fruit de recherches suivies avec assiduité pendant douze ans.

Leur auteur, M. LE BARON DE MERIAN, vient d'être enlevé aux sciences, le 25 avril 1828, au moment où l'on mettait sous presse la dernière feuille de cet ouvrage. Sa mort est une perte réelle pour la science dont il s'occupait avec une ardeur infatigable.

Livré presque entièrement à l'étude comparative des langues, il avait en quelque sorte créé une nouvelle division de la grammaire générale. Ses méditations s'étaient portées principalement sur cette étude, et l'on peut dire, avec vérité, qu'il a fait dans cette partie des découvertes importantes, qu'il a agrandi considérablement le domaine que d'autres avaient exploité avant lui, et que ses aperçus neufs et remarquables par leur finesse, ont révélé des vérités qui n'avaient pas encore été reconnues ni même entrevues.

Les occupations littéraires étaient, pour M. de Merian, le seul délassement qu'il connût à des travaux d'un autre genre. Employé par le gouvernement russe dans la carrière diplomatique, il remplissait de la manière la plus distinguée les devoirs que ses fonctions lui imposaient.

Doué d'une extrême facilité pour le travail, M. de Merian, tout en ne dérobant aucun moment à ses fonctions publiques, trouvait le temps de se livrer à l'étude. Il y apportait ce zèle que rien ne fatigue, qui fait qu'une recherche est poursuivie jusqu'à ce que l'objet auquel on visait ait été atteint; son assiduité soutenue était non moins louable que précieuse; il n'énonçait aucun fait, avant d'avoir scrupuleusement constaté qu'il était exact. Cependant, cette précision rigoureuse, qui caractérisait toutes ses productions, n'engendrait pas chez lui une tenacité invincible à ses opinions; comme il n'avait d'autre but que de trouver la vérité, il écoutait volontiers les objections qu'on lui présentait, et, s'il reconnaissait qu'elles étaient appuyées sur des faits, il consentait sans peine à abandonner des idées, qui, d'abord, lui avaient paru meilleures; si, au contraire, on ne le combattait que par des raisonnemens vagues, il ne cédait pas : n'était-ce pas naturel, et peut-on l'en blâmer?

Personne n'était moins prévenu que M. DE MERIAN, en faveur de son propre mérite. Tous ceux qui ont connu cet homme estimable diront que son savoir n'était égalé que par son extrême modestie; jamais il ne mettait son nom aux ouvrages qu'il publiait; peu jaloux de la réputation, il cultivait les lettres par le désir d'être utile aux sciences, et s'inquiétait peu que l'on connût les obligations dont elles lui étaient redevables.

Lié depuis plusieurs années avec M. DE MERIAN, j'ai été à portée d'apprécier ses belles qualités, rehaussées par un esprit judicieux. Ses amis ont donné de vifs regrets à sa perte, qui est irréparable pour eux; elle ne peut qu'être très-sensible à ceux qui ont eu l'occasion de le connaître, et à tous les hommes qui aiment les lettres et les sciences. Sans jouer le rôle de protecteur, M. DE MERIAN encourageait ceux qui les cultivent, et, grâce à son discernement, il a ainsi produit un bien qui honore sa mémoire.

Chargé par l'auteur de surveiller la publication de son livre, j'ai vérifié, autant qu'il m'a été possible, tous les faits qui y sont présentés : on peut compter sur l'exactitude des vocabulaires contenant les preuves sur lesquelles les propositions de son système sont fondées. Les savans qui ont examiné les langues avec l'œil scrutateur du philosophe, se sont aperçus sans peine que les radicaux de tous les idiomes sont de nature monosyllabique. Les prétendues racines sémitiques paraissaient seules faire une exception à la règle générale. Afin d'éclaircir ce point important de philologie, je me suis occupé, sur l'invitation de M. DE MERIAN, de soumettre ces racines à un nouvel examen. Il est résulté de ce travail, que les véritables radicaux sémitiques ne diffèrent en rien de ceux des autres langues, et qu'ils sont également monosyllabiques. Mes observations sur ce sujet forment, pour ainsi dire, le complément des pièces justificatives que M. DE MERIAN a recueillies; c'est à sa demande que je les ai insérées dans cet ouvrage. Ainsi simplifiées, les racines hébraïques et arabes, dépouillées de la troisième consonne, ou de la finale modifiant le sens, offrent des ressemblances frappantes avec les radicaux sanskrits et autres.

Paris, ce 10 mai 1828.

J. KLAPROTH.

# PRINCIPES

DE

# L'ÉTUDE COMPARATIVE DES LANGUES.

## PREMIÈRE PARTIE.

### § I.

*De l'Unité et de la Pluralité.*

Une même loi règne à la fois dans le monde intellectuel et dans le monde physique; c'est celle du développement *progressif* de l'esprit et de la matière, celle de la multiplicité provenant de l'unité. Cette loi a été reconnue et proclamée par plusieurs philosophes anciens et modernes. (1)

(1) Les Hindous, Pythagore, Schelling, Linnée, Cuvier, Gœthe, etc.

## § II.

### *Du Langage.*

Le langage est naturellement soumis à cette même loi immuable.

## § III.

### *Science du Langage.* (1)

Nous n'entendons pas créer ici de nouveaux rapports; nous ne voulons que communiquer, reproduire un fait positif et important, aussi ancien que le monde, et tracer à l'esprit humain une route facile vers des connaissances certaines, vers une science dont les résultats sont constans. Cet objet, dans les derniers siècles, n'a jeté que par intervalles quelques faibles lueurs. (2) De nos jours il est devenu un foyer lumineux et ardent; cependant on n'a pas encore su

(1) On n'a pas encore honoré du nom de science les observations sur le langage, parce qu'on n'en avait jamais aperçu les règles générales, exactes, fixes et invariables; nos devanciers semblent s'être rendu justice en ce sens: ils ont senti tout le vague de leurs connaissances *linguistiques.* Ne s'occupant que de la partie grammaticale, ils l'ont appelée un art, et ils ont eu raison. Les Espagnols employaient ordinairement le mot d'*arte* au lieu de grammaire. Mais aujourd'hui que de vrais philologues ont agrandi la sphère de nos idées, l'étude du langage est devenue une science importante, qui, nous ne craignons pas de l'avancer, ne tardera pas à faire l'objet des méditations sérieuses et des recherches des esprits vraiment philosophiques.

(2) Grotius, Leibnitz, Hervas, Catherine I , en avaient saisi l'esprit.

employer ce feu avec assez de discernement, pour qu'il portât dans les esprits une lumière utile, et les pénétrât d'une chaleur vivifiante (1). C'est ce que nous allons essayer.

## § IV.

### *De l'analogie des Langues.*

Il faut expliquer cette expression. La science du langage est celle qui s'occupe des rapports mutuels des idées et des formes des différentes langues. (2)

## § V.

### *De l'unité des Langues.*

Il n'y a eu, dans l'origine, qu'une seule langue.

Ce qu'on appelle communément langues, ne consiste réellement que dans des dialectes de cette langue primitive (3).

La forme des mots varie, leur essence ne varie jamais.

(1) Il est à remarquer que jusqu'à nos jours il n'a paru aucun ouvrage, aucun argument en opposition directe avec cette doctrine.

(2) Scientia nexuum notionum et formarum quæ humanum sermonem constituunt. Hæc altiore etiam nomine *metalinguistica* nuper dicta est.

(3) Si se comparan hoy las muchas lenguas que hay esparcidas por la superficie del glovo, se verà que todas ellas descienden de una sola, y que gùardan tal hermanda y analogia en su estructura, que no seran otra cosa que la misma lengua primitiva variada, cambiada, enriquecida. ZAMACOLA.— Il résulte de ces principes que parmi les hordes les moins civili-

L essence est dans les racines et dans les élémens de ces racines; élémens qui subsistent dès l'origine, et peuvent être analysés physiologiquement.

## § VI.

### *Notions préliminaires et exemples.*

Pour examiner convenablement les principes que nous venons d'exposer, et en faire une juste application, il faut:

1° Avoir recours à quelques notions préliminaires;

2° A une suite d'exemples.

Ces notions préliminaires consistent dans l'explication de ce qu'on entend par ces termes:

Aperçu général,

Racines,

Parties du discours, (1)

Filiation des langues,

Comparaison des mots, par le moyen de celle des idées et de celle des formes,

Changement des sons et des lettres,

Parenté générale des idiômes du globe, comme

sées, il est impossible d'en trouver une seule dont le vocabulaire ne présente un certain nombre de mots également usités dans les dialectes les plus connus. Mais les «innumeræ linguæ dissimillimæ inter se, ita ut nullis machinis ad communem originem retrahi possint, *» voilà ce qu'on chercherait en vain sur notre globe.

* A. W. Schlegel, *Bibliothèque indienne*, vol. I, page 281.

(1) *Partes orationis.*

dérivant de la langue primitive, et classification des idiomes par familles,

Formes lexicales et grammaticales.

Quant aux exemples, voyez la note 1 page 14.

## § VII.

### *Aperçu général.*

On s'identifiera facilement avec l'idée exprimée par les mots *Aperçu général*, en se figurant la terre sous la forme d'une boule sur laquelle on fixera un point où le langage a commencé, et d'où il est parti pour s'étendre sur toute la surface du globe, qu'il a enveloppé comme d'un vaste réseau; sans doute cela n'a pu arriver sans que le langage n'ait subi d'importantes modifications : toutefois elles n'ont pas détruit son caractère primitif et ses qualités essentielles (1).

## § VIII.

### *Des Racines.*

Dans chaque mot composé de plusieurs syllabes, dit Adelung, une seule renferme le sens fondamental et principal; cette syllabe, spécifiée par celles qui l'accompagnent, se nomme syllabe radicale. Qu'on étudie une langue, qu'on parvienne à la parler comme

(1) Voyez § V. Partout se manifeste l'empreinte d'un type primitif, malgré les différences que produisent la nature des climats, celle du sol, et la réunion de plusieurs causes accidentelles. A. DE HUMBOLDT.

l'homme le plus disert, on ne la connaîtra que superficiellement et jamais à fond, à moins qu'en l'analysant, on ne réussisse à découvrir ses premiers élémens. Ce n'est qu'en comparant les radicaux qu'on peut juger de la ressemblance et de la différence des langues.

Pour s'aventurer dans l'étude de la science du langage, il est indispensable de savoir bien apprécier et décomposer les mots. Toutes les syllabes d'un mot ne sont pas d'une importance égale. Chacun a sa syllabe radicale qui renferme le sens principal. La science *linguistique*, dans les comparaisons qui font l'objet principal de son étude, ne s'occupe que de celle-là (§ XIV). Dans le mot *impossibilité*, elle ne considère que la racine qui est *pos*, et dans le mot anglais *impertransibility*, elle ne considère que le second *i*, qui représente *ire*, aller.

1° Les premiers mots étaient monosyllabiques.

2° Les mots composés de plusieurs syllabes ne sont que des prolongemens des premiers. On les a allongés en y joignant des syllabes

antécédentes (préfixes)
ou
subséquentes (affixes).

3° Ces mots sont simples ou composés.

4° Les mots qu'on a allongés par des syllabes antécédentes (parmi lesquelles on ne doit pas ranger les augmens des verbes), sont composés, savoir :

de l'antécédent (préfixe),
du mot simple : p. e.

dire,
dé-dire;
semer,
par-semer.

Quelquefois cet antécédent est un substantif, comme dans

ori-flamme,
porte-manteau (1).

5° Les mots allongés par des syllabes subséquentes (affixes) qui ne sont pas par elles-mêmes des mots, restent simples; ainsi dans :

hor-izontalement,
fam-iliarité.

les longs affixes nuancent à la vérité le mot, mais ils ne lui ajoutent pas un sens de plus. Dès qu'il y a deux sens, il y a composition. (*Voy.* ci-dessus, n. 4°.)

6° Toutes les racines sont monosyllabiques, et aujourd'hui consistent ordinairement en trois lettres, une consonne, une voyelle, et une consonne.

(1) La première précaution à prendre, lorsqu'on réunit deux mots pour en former un, c'est de le faire suivant les lois de la composition reçues dans l'idiôme.

Il sera peut-être utile d'ajouter encore quelques observations sur les racines, que plusieurs savans ont cru pouvoir être de plus d'une syllabe, et qu'on confond trop souvent avec les *radicaux* (1) (ou verbes simples et courts), malgré l'observation judicieuse d'Adelung, qui s'exprime ainsi dans son Mithridates: « Chaque mot sans exception peut être réduit à une » racine monosyllabique, et doit l'être, si l'on veut » suivre le chemin que la nature a tracé. Si les gram- » mairiens qui travaillent sur les langues sémitiques, » séduits par une aveugle prédilection pour d ineptes » rabbins du dixième siècle, tiennent encore aux » racines dissyllabiques, et si l'école grecque de » Hemsterhuys les imite par complaisance, ces er- » reurs ne prouvent autre chose que le penchant de » l'homme vers tout ce qui est compliqué et entor- » tillé, aux dépens de la simplicité et des indications » de la nature. »

Le nombre de ces racines (qui sont déjà d'une condition secondaire et telles qu'on les trouve aujourd'hui) est peu considérable : elles n'en forment pas moins le fond de toutes les langues présentes et futures.

Les personnes qui s'occupent particulièrement du sanskrit, n'ont pas toujours été assez attentives à la véritable forme des racines; trop souvent elles leur ont attribué quatre lettres et plus, sans considérer

(1) Voyez entre autres les *Jardins des racines grecques et latines*, où l'on ne trouve pas une seule racine.

que ce nombre est évidemment incompatible avec l'essence d'une racine. Dans tous leurs livres élémentaires nous voyons des formes comme *bri* ou *bhri*, *djna*, *kram*, *srip*, *stou*, *tri*, *trip*, *trou*, etc., etc., données pour racines : or ce sont des formes allongées, renfermant une racine contractée [ayant perdu sa voyelle], plus un appendice ou terminaison [Voyez § V]. La racine de *bri* est *bar*, *ber*, etc., comme nous voyons dans *bâr*-e, *ber*-ou, *fer*-o, etc., la contraction a donné *bri*. La racine de *djna* est *ken*, *ghen*, etc., comme nous voyons dans *ken*, *kenn*-e, *ghin*-osko, etc. Cette syllabe a aussi été prononcée *djen* (comme en Arabie et en Italie) ; l'appendice *a* en a fait *djen*-a, et la contraction *djna*. La racine de *kram* est *kar*, etc., allongé *kar*-am, contracté *kram*. Celle de *srip* est *sar*, *ser*, etc., conservée dans *ser*po : *ser*, *ser*ip [contracté *srip*], *ser*ipo [contracté après la racine, *ser*po]. *E*rpo, *r*epo sont encore le même mot, mais privé de sa tête. La racine de *stou* est *sat*, *sot*, *sout*, etc. ; de là le persan *sout*-ou ou *southou*, contracté *stou;* c'est *suadeo*, *schwatze*, etc. *Tri*, *trou* ont été *téri*, *térou :* leur racine est *tar*, *ter*, etc., conservée dans des mots européens. Il en est évidemment de même de *kri* [*cereo*, puis *creo*], *mri*, *sri*, etc. La racine de *trip* est *tar*, *ter*, conservée dans *ter*po, dont la formation répond exactement à celle de *ser*po. Maintenant, si la forme intégrale précède nécessairement la forme contractée, l'on a une règle pour juger de la priorité.

Les langues sémitiques, enfin tous les idiomes de la terre se trouvent absolument dans le même cas. Que penser d'une racine *ktal* ou *katal*, quand nous avons *caedo*, et d'une racine *caedo*, quand nous avons *cut?* Qui admettra une racine *krab* ou *karab*, lorsqu'il aura vu *kar*, ou *khalal* malgré *khal*, ou *galal* malgré *gal*, ou *gabab* malgré *gab*, ou *marar* malgré *mar*, etc. ? Celui qui, en lisant ces exemples, doutera que les syllabes *kat*, *kar*, *khal*, *gal*, *gab*, *mar*, ne soient exclusivement des racines, doutera certainement aussi que les syllabes *caed* dans *caedo*, *caedes*, *car* dans *caro*, *kyl* dans *kylio*, ou *heil* dans *heileo*, *cap* dans *capio*, *mar* dans *mare* ne le soient également : il finira par douter des principes les plus positifs et les plus clairs. Passons en Europe, *clam* n'a-t-il pas été précédé par *cal*im, *kal*am, *gal*am, *celo*; *clamo* par *calo*, *kal*eo; et *clino* par *calo?* Ici les racines sont *cal* (dans le sens de cacher, de crier, de pencher), et le *l* termine la racine au lieu de la commencer. C'est la même chose encore dans *blow*, *fluo*, *pluo*, *pleo*, *pleyo*, et tant d'autres, dont la racine est *fal* ou *pal*, *pel*, *pil*, *pol*, *poul*, comme nous voyons dans *ball*o, *fol*yni, *fil*l, *ful*l, *fêl*e, etc. Le chinois, si riche en indications utiles, et si peu pris en considération sous le rapport de l'unité du langage humain, confirme ce qui vient d'être dit. Ses particules, ses noms, ses verbes monosyllabiques n'admettent certes que des racines monosyllabiques. Or, qu'une racine se rencontre hors des frontières de la Chine, ou dans ses limites, sa nature sera toujours la même, comme les organes, l'intelligence, la langue, sont foncièrement les mêmes; et rien ne surprend autant le véritable connaisseur que ces singulières distinctions, ces contrastes imaginaires entre *racines sémitiques, racines sanskrites, racines slaves, racines grecques,* etc., dont les écoles l'entretiennent de temps en temps.

## § IX.

### *Des Parties du Discours.*

L'ordre et la suite des parties du discours sont :

| | | |
|---|---|---|
| 1. Le Verbe. . . . . . | | I. |
| 2. L'Adjectif, | | |
| 3. Le Substantif, | le Nom. | II. |
| 4. Le Pronom, | | |
| 5. La Particule. . . . . | | III. |

Elles se réduisent à trois, quand on ne fait qu'une seule des trois du milieu.

I. Le mot vivant (c'est ainsi qu'on l'appelle en Chine (1), qui passe avant tous les autres et qui ne le cède qu'à la racine, est le *verbe.*

II. La forme du verbe dans son application, c'est-à-dire la dénomination de la qualité (*prædicatum*), du sujet (*subjectum*), ou du remplaçant du sujet (*surrogatum*), se désigne sous le terme général de *nom.*

(1) *Éléments de la Grammaire chinoise,* par M. A. Rémusat. Paris, 1822, page 64.

III. Le mot invariable qui s'intercale pour éclaircir les rapports des autres mots entre eux, et qui, dans la simplicité des premiers temps, était aussi rare qu'il était rare alors de faire la distinction minutieuse de la plupart de ces différens rapports, s'appelle *particule*.

Si l'on veut aller au-delà du verbe, on ne trouve plus que la racine qui renferme l'idée générale, semblable à un germe non encore développé. Le rapport des idées aux racines n'est pas encore déterminé (§ XVIII), et ne le sera jamais, parce que l'immensité de la langue humaine est issue d'un petit nombre d'idées primitives (§ XI), et de racine primitives :

Car c'est l'unité constante,
Variée à l'infinie.

GOETHE.

## § X.

### *De la Filiation des Langues.*

Il ne faut pas se représenter les peuples et les langues en *ligne perpendiculaire*, comme si un peuple, une langue avaient dû disparaître pour faire place à un autre peuple, à une autre langue. Il ne faut pas se régler sur les quatre époques des pédans de la vieille école qui nous disaient que : le premier empire avait été celui des Assyriens, qu'après eux venaient les Perses, ensuite les Grecs, puis les Romains, et qu'à l'exemple de ces quatre peuples, les langues qu'ils parlaient se sont succédées les unes aux autres. Mais qu'étaient devenus pendant tout ce temps-là les autres peuples, les autres langues? Les Allemands ont-ils donc attendu l'arrivée de Jules-César pour apprendre comment il fallait dire nez, bouche, yeux, maison, cheval, manger, boire, dormir, etc.? Etaient-ils donc muets avant que les Romains eussent passé le Rhin? On appelle les Cappadociens un vieux peuple, les Tyroliens un peuple nouveau; l'un est aussi vieux que l'autre, car je ne crois pas que les Tyroliens aient eu un Adam pour eux seuls. Voici la seule différence, c'est que les Cappadociens ont disparu plutôt que d'autres du nombre des peuples. Sans contredit, à l'époque où ceux-ci florissaient, les Tyroliens vivaient aussi, c'est-à-dire les ancêtres de chacune des familles qui maintenant habitent le Tyrol. Où ces ancêtres étaient-ils alors? comment s'appelaient-ils? c'est ce que l'on ne sait pas avec certitude; mais au moins est-il sûr que les mots de *vieux* et de *nouveau* sont vicieux, car on ne peut distinguer ainsi ce qui est contemporain. Il en est de même des langues. Il n'y a entre elles ni droit d'aînesse, ni primogéniture. Cette question qu'on entend faire : « la langue *A* est-elle plus ancienne que la langue *B*?» est puérile, et tout aussi dénuée de sens que le sont ordinairement les controverses scolastiques touchant les langues mères. Il y a sans doute des idiômes qu'on ne parle plus, et d'autres qu'on parle encore ; mais les uns n'ont pas cessé au moment où les autres ont commencé : au contraire, ceux-ci ne sont que des modifications ou phases (1) de ceux-là. Un homme qui a changé d'habit, n'en est pas moins le même homme. La seule, la véritable langue a été dès le commencement du monde jusqu'à ce jour, toujours une, et sera toujours une ; seulement elle change parfois d'habit (§ V, VII, IX, XIV).

Il faut nous habituer à la *ligne horizontale*, et à voir les choses rangées l'une à côté de l'autre, les unes plus neuves, les autres plus usées, pour ainsi dire, mais toujours marchant de front et se développant progressivement sans la moindre interruption ; car, s'il en était autrement, il faudrait reconnaître une foule de commencemens, et l'histoire, déchirée

(1) Il n'y a point de borne fixe où l'on puisse dire qu'une langue finit, et que l'autre commence; c'est une dégradation journalière dont les nuances imperceptibles et successives ne deviennent sensibles que par des comparaisons faites à de grands intervalles. C'en est assez pour faire voir que toutes les langues se tiennent les unes aux autres par une filiation infinie; que dans leur manière de se former, tout est altération ou dérivation, et rien ou presque rien n'est création ; et qu'enfin l'art de l'étymologie, loin d'être, comme tant de gens le disent, arbitraire ou imaginaire, est en général guidé dans sa marche par des règles constantes, fondées sur des faits indubitables et sur des principes certains, dont il ne faut plus que savoir faire une juste application.

DE BROSSES.

en quelque sorte, ne deviendrait plus qu'un amas confus de lambeaux.

Ainsi l'on sait ce que l'on doit penser du système suivant lequel une foule de mots essentiels et indispensables auraient été importés chez les différens peuples : ceux qui se retranchent derrière cette faible barrière, ont la douleur de la voir aussitôt renversée par la force irrésistible de la doctrine analogique. On peut bien importer des termes techniques, aussi bien que des noms d'animaux, de plantes, de minéraux, de coutumes étrangères; mais comment concevoir qu'on ait importé chez tous les peuples des mots dont l'usage est d'une nécessité absolue, même pour l'être le plus misérable, par exemple, ceux de *soleil*, *lune*, *terre*, *etc.*, ceux qui désignent les membres, l'habitation, la nourriture, les occupations journalières? On serait donc forcé d'admettre qu'un homme, un peuple, auraient été condamnés à rester muets jusqu'au moment de l'arrivée d'un *commis-voyageur* qui leur aurait offert officieusement un choix varié d'échantillons de langues, ou jusqu'à ce qu'un conquérant étranger fût venu leur imposer, un peu moins civilement, celle du vainqueur.

*Non vincit ratio hoc.*

Le paragraphe suivant se lie naturellement à ceci.

## § XI.

### *De la Comparaison.*

La méthode comparative offre deux résultats importans; d'abord elle met dans le plus grand jour la réalité de la parenté générale des langues; ensuite elle conduit à une foule d'observations aussi curieuses qu'instructives. Bien plus, sans le secours de cette méthode, toute philologie manque de base et de solidité.

Comparer, c'est mettre deux mots en regard l'un de l'autre, et examiner s'ils ont le même sens et le même son (*consentientes* et *consonantes:* l'idée à la forme).

Quant au *sens*, il est impossible, dans un exposé aussi rapide que celui-ci, de donner des instructions détaillées sur une méthode qui embrasse, non-seulement toutes les connaissances, mais encore la pensée de l'homme dans sa plus grande étendue Il suffit, pour ce moment, de savoir que quiconque voudra s'adonner à cette étude, devra, avant tout, s'attacher aux idées générales; telles que celles-ci: *mouvement*, *repos*; *union*, *séparation*; *couverture*, *cavité*, *etc.*, et ne pas s'étonner des rapports les plus éloignés en apparence; par exemple, de trouver l'un à côté de l'autre, le vaisseau de guerre et la coquille de noix, le pic qui touche aux nues et le petit cône d'argile, la lance et l'aiguille à coudre, le sabre et le canif, le chapeau et le manteau. De pareils mots ont autant de ressemblance par la forme, que les qualités qui constituent ces différens objets en ont entr'elles, qualités sans lesquelles ces objets ne seraient pas ce qu'ils sont. Dans les exemples rapportés ci-dessus, les qualités constitutives sont celles de *cavité*, de *hauteur*, de *pointe*, de *tranchant*, de *couverture* (1).

Le *son* est d'une nature beaucoup plus restreinte. Ses rapports et ses variations, ainsi que les rapports et les variations des lettres qui l'indiquent, sont soumis à des lois fixes et d'une précision rigoureuse. On les trouvera dans le paragraphe suivant :

## § XII.

*Du changement des sons et des lettres.*

Voyez la seconde partie de cet ouvrage.

## § XIII.

*De la parenté générale des idiômes du globe, comme dérivant d'une langue primitive, et de la classification de ces idiômes par familles.*

Quand on s'occupe de l'étude comparative des langues, il est indispensable de s'arrêter attentivement à la *double affinité* qui existe entre les idiômes du globe. D'abord ils ont entre eux des liens communs de parenté; ensuite ils offrent des rapprochemens qui permettent de les ranger par familles. Ces

(1) Voyez-en les exemples à la fin de la troisième partie de cet ouvrage.

liens communs de parenté consistent en ce que, dans les langues des peuples les plus éloignés les uns des autres, et qui offrent entre eux les différences les plus remarquables, on retrouve pourtant, en assez grand nombre, des mots qui ont conservé, dans chacune d'elles, le même sens et le même son. Ces ressemblances se rencontrent partout; cependant elles ne peuvent jeter aucune espèce de lumière sur l'ethnologie.

Il n'en est pas de même des affinités des familles. Cette affinité existe lorsque dans les langues de peuples dont les rapports mutuels sont constatés par l'histoire, ou par des conformités physiques, il se rencontre une foule de mots qui ont le même sens avec le même son. En pareil cas, la construction grammaticale de ces langues présente ordinairement aussi des coïncidences frappantes, comme on peut en remarquer dans le persan, le sanskrit, l'allemand, le slave, etc., et généralement dans toutes celles qui appartiennent à cette famille (1).

## § XIV.

*Des formes radicales et grammaticales, et de la différence de leur influence dans l'application de la comparaison.*

Les formes radicales sont stables; nous les trouvons dans les dictionnaires.

Les formes grammaticales sont les modifications

(1) Klaproth, *Asia polyglotta*, pag. 35 et 40.

des verbes et des noms qui sont indiqués par les grammaires spéciales (1), en même temps que les variations de la syntaxe. Quelques auteurs ont pensé que, lorsqu'il s'agit de comparer, il fallait plutôt s'attacher aux indications de la grammaire, qu'à celles du dictionnaire; que celle-là était plus importante que celui-ci. C'est une erreur, car la partie radicale se trouve partout et avec précision; il n'en est pas ainsi de la partie grammaticale; l'une est stable, l'autre varie sans cesse; l'une est le noyau, l'autre n'est que l'écorce; l'une fournit des résultats généraux, l'autre à peine des résultats partiels.

En général, il ne faut faire attention à l'édifice grammatical des langues, que pour ce qui a rapport à leur division par familles, et lors même qu'il y a incertitude, lorsque deux langues ont perdu ces airs de famille qui les font reconnaître, du moins cette incertitude ne nuit pas aux conséquences qu'on peut tirer de la ressemblance de leurs mots. Maintenant, par exemple, on ne doute plus que le persan et l'allemand n'appartiennent à la même famille; mais si l'on n'avait comparé que les grammaires de ces deux langues, on aurait difficilement obtenu ce résultat; de même qu'on ne trouverait qu'avec peine, des ressemblances entre l'anglais et l'allemand, à ne considérer que la grammaire de ces deux langues, et sans s'attacher à l'examen des mots. Les racines et les mots sont l'étoffe des langues; la

(1) Voyez ci-après § XV.

grammaire donne une forme à cette étoffe ; ils ne changent pas essentiellement, de même que le diamant reste toujours diamant, de quelque manière qu'il soit taillé. La méthode comparative des langues procède par décomposition et par analyse ; elle tend à ce qui est réel, sans s'embarrasser de l'accidentel. Toutefois, il ne s'agit pas de rejeter comme inutile la méthode comparative appliquée à la grammaire. Elle sert au contraire de fil pour diriger nos pas dans l'étude des progrès et du perfectionnement de l'esprit humain, et, sous ce point de vue, elle est extrêmement intéressante. Mais on ne peut y avoir recours que lorsqu'on s'occupe de rapprochemens partiels et détaillés, et il faut convenir qu'elle devient presque ou entièrement inutile dans les comparaisons générales (1).

Un parallèle entre la langue chinoise et la langue arabe démontrera clairement l'infériorité relative de la grammaire. Dans la première de ces langues, les formes grammaticales sont en très-petit nombre et d'une grande simplicité ; dans l'autre, au contraire, elles sont innombrables et très-artificielles. Néanmoins, dans la première, la précision et la clarté sont portées au plus haut point, tandis que l'obscurité et la confusion dominent dans l'arabe (2).

(1) Klaproth, *Asia polyglotta*, préf., pag. IX.

(2) Voyez les grammaires de MM. Abel Remusat, et Silvestre de Sacy, ainsi que les *Recherches sur les langues tartares*, pag. 110—120.

Cette vérité n'a pas échappé à la sagacité d'un des plus profonds penseurs de notre siècle, M. G. de Humboldt. « Les notions grammaticales, dit ce sa- » vant, résident bien plutôt *dans l'esprit* de celui qui » parle, que dans ce qu'on peut appeler le matériel » du langage ; or, pour apprendre à connaître le mé- » canisme des langues, il faut bien se pénétrer de » l'importance de cette distinction (1). »

Après s'être livré à un examen réfléchi, après avoir pesé mûrement le pour et le contre, on est forcé d'admettre qu'il faut en revenir au principe de l'unité, que les racines (2) passent avant tout, qu'elles ont dû exister avant les branches, qu'elles seules sont essentielles, et que les branches ne le sont pas plus que l'écorce qui les couvre. On verra que l'idée dominante est renfermée dans les racines, que les rejetons qui forment la majeure partie de ce qu'on nomme grammaire, ne sont que des modifications ; enfin que ces modifications ne présentent en général que peu d'analogie, de symétrie, de régularité, et que, dans plusieurs idiômes, on en trouve même à peine une trace. On ne disconviendra donc plus que ce que nous avons appelé ci-dessus une erreur, n'en soit réellement une.

(1) *Supplément à la Grammaire japonaise du* **P. Rodriguez.** Paris, 1826 ; pag. 12.

(2) Voyez plus haut § VIII.

## § XV.

### *De l'utilité de l'étude comparative des langues, et de la connaissance des racines.*

L'étude comparative des langues est d'une utilité très-variée; on peut dire qu'il n'est pas facile d'énumérer tous les cas où l'on en peut faire une application avantageuse. Elle nous porte à considérer les choses sous un aspect plus vaste; elle nous élève au-dessus de ce sentiment rétréci qui tend à tout isoler; elle nous place sur une hauteur d'où nous apercevons l'enchaînement et l'analogie, non-seulement des mots, des langues, mais aussi d'une multitude de choses qui nous paraissaient d'abord indépendantes les unes des autres et sans rapports réciproques. Elle éloigne le doute par ses comparaisons fréquentes; elle éclaire ce qui est obscur, explique ce qui était énigmatique en nous faisant pénétrer dans l'essence même des mots, et, par conséquent, aussi dans celle des objets désignés originairement par les mots. Si dans un dialecte une expression est inintelligible ou incertaine, cette étude vient à l'instant à son secours par le moyen de l'expression correspondante dans une autre langue; et si cela ne suffit pas, elle rassemble tant de mots correspondans, que la véritable signification de cette expression ne peut plus être incertaine, parce qu'entourée de mots analogues, celle-ci se trouve nécessairement à la place qui lui convient, et s'explique facilement dans toute la rigueur de sa véritable acception ; ce qui est d'une grande utilité dans les études classiques.

L'étude comparative nous fait éviter les erreurs et les contradictions. Comparer et distinguer, voilà ce qui fait le travail principal de la science du langage ; elle compare les signes généraux, monumens éternels et immuables de l'unité des langues, mais elle se borne à classer diversement les variations particulières et éphémères, qui sont le résultat de mille causes secondaires et qui se multiplient à l'infini.

Comparer, c'est sans contredit le moyen le plus sûr pour arriver à la découverte de la vérité. Ainsi, que ne doit-on pas attendre d'une doctrine essentiellement comparative, qui ne procède que par des rapprochemens, et dont le nom même prouve que c'est là sa première, sa principale destination ! Une pareille doctrine peut-elle être jamais entachée d'erreurs ? Le principe même sur lequel elle est fondée l'empêche de dévier de la ligne qu'elle doit suivre et l'y ramènerait même si elle pouvait s'en écarter un seul instant.

Sans cette science, il est impossible d'écrire avec précision, surtout lorsqu'il s'agit d'ouvrages didactiques ; car à elle seule appartient de régler le véritable usage des mots, puisqu'elle seule s'occupe de rechercher leur origine, de comparer ce qu'ils ont été avec ce qu'ils sont aujourd'hui, puisqu'elle seule les examine sous toutes les faces et dans toute leur étendue. Les grammaires spéciales, (allemande, latine, slave), ne sont plus pour celui qui s'adonne à l'étude comparative des langues, que des rejetons de la grammaire générale; celle-ci, dès qu'on la possède, sert toujours sans pouvoir jamais être attaquée dans ses bases, et selon les diverses grammaires se modifie et prend différentes formes. Sans l'étude comparative des langues, pourrait-il exister une grammaire générale? Et puisqu'il y a une grammaire générale, comment faire pour nier le dictionnaire général?

Cette étude occupe l'intelligence beaucoup plus que la mémoire, et fortifie la mémoire en liant les opérations de celle-ci à celles de l'esprit. Elle devient ainsi la meilleure des *mnémoniques* fondée non sur le hasard et l'arbitraire, mais sur les véritables et immuables rapports des choses, des idées et des mots. Assembler des mots du même son, mais de sens différens (comme dans les dictionnaires ordinaires), c'est occuper la mémoire seule; l'esprit n'y est pour rien. Mais si, au contraire, on forme d'amples recueils de mots ayant le même sens et le même son, l'intelligence met en jeu le jugement, ou la faculté qu'elle a de comparer et de distinguer. La mémoire à son tour, s'appuyant sur une base plus solide, se repose; elle semble avoir trouvé un guide, un moniteur secret auquel elle s'abandonne, et qui l'avertit à propos. Aussi est-elle capable d'embrasser, de retenir et de servir beaucoup plus que lorsqu'elle est seule et bornée à ses moyens propres et chétifs. On se figurerait difficilement tout ce dont est capable une mémoire, même médiocre, lorsqu'elle est ainsi soutenue et dirigée par l'intelligence. Il ne lui est plus impossible d'embrasser toutes les langues de l'univers, du moins quant à la connaissance de leurs parties essentielles; aucune de ces langues ne lui échappe, elle peut facilement les mander toutes devant soi et les passer en revue, opération qui dépend beaucoup plus de la connaissance exacte des modifications des mêmes mots que du passage brusque d'un mot à l'autre. Il ne résulte pourtant pas, de ce que nous venons de dire, qu'on puisse jamais se passer des dictionnaires ordinaires, comme on pouvait le faire dans le principe. Non, c'est ce qu'il ne faut plus espérer; mais on ne devrait les employer que secondairement, après les dictionnaires comparatifs, et comme une dernière ressource. De plus, il est urgent de les composer autrement qu'on ne l'a fait jusqu'à présent, c'est-à-dire avec plus de soin et plus de méthode.

L'étude générale du langage humain nous indique les routes les plus sûres et les plus commodes pour arriver à la science. Ainsi que la lumière du soleil qui se partage en une infinité de rayons, elle part d'un point et se dirige dans tous les sens. Elle découvre les rapports les plus éloignés; et souvent deux idées, deux formes, regardées d'abord comme tout-à-fait incompatibles, se sont trouvées rapprochées et conciliées par cette science. Sa manière ordinaire de procéder est d'intercaler des intermédiaires entre les extrêmes qu'elle veut mettre en rapport. C'est à peu près comme si quelqu'un qui aurait à sa gauche du blanc et à sa droite du noir, cherchait à rapprocher ces deux couleurs opposées, en intercalant, dans l'espace qui les sépare, plusieurs sortes de gris nuancés graduellement, mettant le gris le plus clair auprès du blanc, et le plus foncé auprès du noir. Y aurait-il encore contraste dans les couleurs? Non ; car les différentes nuances grises conduiraient sans interruption du blanc au noir.

## § XVI.

### *De quelques-uns de ceux qui se sont occupés de l'étude des langues.*

Platon, Aristote, Mithridate, Cicéron, Caton, Jules-César, Charlemagne, Alfred, Maximilien I, Luther, Grotius, Leibnitz, Turgot, Catherine II (1), Herder, Gœthe, se sont occupés de l'étude des langues. Ne serait-il pas permis de suivre les traces de prédécesseurs aussi illustres?

(1) « J'ai fait un registre de deux à trois cents mots radi-» caux de la langue russe ; ceux-ci je les ai fait traduire dans » autant de langues et jargons que j'ai pu trouver ; le nombre » déjà en dépasse la seconde centaine. Tous les jours je prenais » un de ces mots, et je l'écrivais dans toutes les langues que je » pouvais ramasser. Ceci m'a appris que le Celte ressemble à » l'Ostiaque. Que ce qui veut dire *ciel* dans une langue, signifie » *nuage*, *brouillard*, *voûte*, dans d'autres. Que le mot *Dieu* » dans de certains dialectes signifie le *très-haut* ou *le bon*, dans » d'autres le *soleil* ou le *feu*. » 9 mai 1785.

Extrait d'une *Lettre de Catherine II à Zimmermann.*

# SECONDE PARTIE.

## § XVII.

On s'est prononcé depuis long-temps, et assez généralement, contre l'opinion qui tend à ramener à une origine commune toutes les langues du monde. Quelle est donc la cause d'un éloignement aussi marqué pour une doctrine si peu connue? On la trouvera dans l'inhabilité et l'inexpérience de ceux qui se sont occupés jusqu'à ce jour de recherches de ce genre (1). Au lieu de constater des faits, ce qui leur eût été facile sous quelque rapport qu'ils eussent envisagé l'étude des langues, leurs efforts et leurs travaux n'ont au contraire abouti, le plus souvent, qu'à élever un échafaudage ridicule d'hypothèses sans fin. C'était, à les entendre, tantôt cette langue, tantôt cette autre, qu'on devait regarder comme la mère commune; jamais ils n'ont su séparer la question sur l'origine des différentes races du genre humain, de celle du développement progressif du langage par tout le globe.

Le petit nombre de philologues qui, à l'aide des connaissances nécessaires, ont observé avec soin, en mettant de côté tout préjugé, ont assez bien réussi

(1) Tels que O. Rudbeck, Court de Gebelin, les Celtiques, Denina, Parsons, et autres génies de la même trempe.

à classer les langues par familles; mais il semble que ce travail, qui s'attache surtout aux différences, est précisément ce qui les a détournés de considérer le langage sous un aspect plus vaste, c'est-à-dire comme un tout, comme une souche féconde qui a donné naissance à une infinité de branches. Ils n'ont pas su distinguer la commune parenté des langues, de leurs affinités particulières (§ III). Ne s'attachant qu'au spécial, ils ont perdu de vue le général, et l'on pourrait presque ajouter, en se servant d'une locution populaire, mais juste en ce cas, que les arbres les ont empêché de voir la forêt.

## § XVIII.

La commune parenté des langues consiste dans les rapports généraux qu'on remarque entre les racines premières, essentielles de toutes les langues. Cependant on tomberait dans une erreur grave, si l'on se figurait, par exemple, que la racine *ak* ou *ok*, qui dans les idiômes allemands, latins, slaves, hindous, désigne l'*œil* ou la *vue*, doit se retrouver aussi avec la même signification en copte, en turc, en basque, etc. Si dans tous les idiômes du monde il n'y avait qu'une seule et même forme radicale, pour une même idée, il n'y aurait plus alors diversité, et les langues ne présenteraient d'autres différences que celles qui résultent de leur structure grammaticale. Or, ce n'est pas le cas, la même idée au contraire est souvent représentée, dans les différentes langues, par différentes formes. La racine *ak*, qui a produit *oc*-ulus en latin, *ok*-o en slavon, *aug*-e en allemand, *ak*-chi en sanscrit, *ak*-n en arménien, se retrouve sous la forme de *eg*-oate chez les Souakes, peuplade de l'Afrique orientale, sous celle de *ak*-ou chez les Caraïbes de l'Amérique du sud, de *ak*-atouh chez les Tchérokis dans le nord de cette partie du monde. Mais l'idée d'œil et de voir a aussi d'autres formes; comme *mo* et *mouh* chez les Chinois; *moh* dans la langue de Timbouktou; une troisième se compose des deux lettres *k-s*; elle forme les mots suivans : en turc, *kos*, *gos*; en tchouvache (sur les bords du Volga), *kos*; en mobba (en Afrique), *kas*-ih. Plusieurs autres radicaux se retrouvent dans les contrées très-éloignées les unes des autres, et sont indiquées plus bas.

## § XIX.

Les nombreux rapports qui existent entre les langues et dont nous avons parlé précédemment, seraient bien plus vivement sentis si l'on n'était souvent arrêté par le changement des consonnes appartenant à la même série, qui souvent sont employées les unes pour les autres.

La plus grande confusion domine dans les alphabets européens. Les séries des consonnes ne s'y voient pas, et rien ne nous fait sentir les rapports respectifs des consonnes produites par le même organe, et la propriété qu'elles ont de se remplacer mutuellement. Cette propriété donne lieu à une infinité de variations auxquelles nous avons beauconp de peine à nous habituer, trompés par la disposition tout-à-fait irrégulière de notre alphabet.

Celui de l'hindou, par son ordonnance, est beaucoup plus philosophique et mieux raisonné; cependant il est loin d'être parfait. Voici l'ordre dans lequel ses lettres sont rangées :

## § XX.

Première Série. *Voyelles* longues et brèves (y compris *ri* et *li* immédiatement après une consonne) et diphthongues.

Seconde Série. *Consonnes gutturales* et leurs modifications.

k. k'h. g. gh. ng.

Troisième Série. *Palatales* qui ont de l'analogie avec les précédentes.

tch. tchh. dj. djh. ny.

Quatrième Série. Consonnes que les grammairiens désignent sous le nom de *Cérébrales.*

ṭ. ṭh. ḍ. ḍh. ṇ.

Cinquième Série. *Dentales*,

t. th. d. dh. n.

SIXIÈME SÉRIE. *Labiales.*

p. ph. b. bh. m.

SEPTIÈME SÉRIE. *Semi-voyelles.*

y. r. l. v.

HUITIÈME SÉRIE. *Sifflantes* et *Aspirées.*

j. ch. s. h. x.

Cet ordre serait plus régulier si les consonnes sifflantes et aspirées suivaient immédiatement les palatales, car elles se confondent très-souvent avec elles (1).

## § XXI.

Un alphabet rectifié de cette manière présenterait quatre séries de *consonnes* homogènes, sous lesquelles toutes celles que l'on peut imaginer, et qui n'en peuvent être que des modifications, se rangent facilement.

(1) Voyez les grammaires sanskrites de Ch. Wilkins, de Carey, de Bopp et autres.

Le *ch* allemand, le *x* russe, le *j* espagnol, et autre lettres semblables indiquent un son qui, dans la prononciation française, n'a pas de correspondant. Nous leur avons substitué le *kh*, qui depuis long-temps est adopté en France pour exprimer ce son.

En général nous avons suivi l'orthographe de chaque pays pour les mots européens, et celle de la prononciation pour les mots non européens; nous avons donc écrit ces derniers comme les écrirait un Français qui les entendrait prononcer.

| I. | II. | III. | IV. |
|---|---|---|---|
| k | s | n | r |
| k'h | j | m | l |
| g | ch | b | y |
| ng | h | p | |
| tch | kh | f | |
| dj | | v | |
| t | | | |
| d | | | |

Il existe une affinité entre la I^re^ et la II^e^ série, par les rapports mutuels de *k, k'h, g,* avec *kh* ou *h* aspiré, et ceux de *t, d, tch, dj,* avec *ch, s* et *j.*

La III^e^ et la IV^e^ ont moins de points de contact; cependant *g* se change souvent en *h, kh et v; f* et *h* se confondent également, et le *v* de la III^e^, ainsi que l'*y* de la IV^e^ se rattachent aux voyelles; *l, m* et *n* sont fréquemment remplacés les uns par les autres; dans plusieurs idiômes *n, d* et *r* se confondent aussi.

Celui qui possédant plusieurs langues, qui voudra se donner la peine de les comparer entre elles, trouvera une foule d'exemples à l'appui de ces observations.

L'échange mutuel des *voyelles* est si fréquent qu'elles ne peuvent entrer en ligne de compte dans les comparaisons générales ou particulières des langues et des dialectes. En effet il arrive souvent que, dans le même idiôme, la différence des voyelles ne sert qu'à indiquer certaines modifications de la racine.

1er Exemple :

J'-*ai*, tu *a*-s, ils *o*-nt, j-*a*-v-ais, j-*eu*-s, j-*au*-rais, *ay*-ant.

Pr-*e*-ndre, pr-*i*-s, etc.

2e Exemple, tiré de l'échange des voyelles dans le mot allemand *stein* (pierre), qui selon les localités varie ainsi :

| | |
|---|---|
| Allemand, | st*ei*n. |
| Goth, | st*ai*ns. |
| Anglo-Saxon, | st*a*n. |
| Anglais, | st*o*ne. |
| Bas-Allemand, | st*ee*n. |
| Cimbre, | st*oa*ne. |
| Islandais, | st*eir*n. |
| Frison, | st*i*ng. |
| Suédois, | st*e*n. |
| Danois, | st*ee*n. |

## § XXIII.

Dans les mots *liebe* (amour), *lieben* (aimer), non-seulement les voyelles, mais les consonnes aussi se modifient.

| | |
|---|---|
| Allemand, | *liebe.* |
| Slave, | *liuby.* |
| Illyrien, | *gloubav.* |
| Vende, | *liobotch.* |
| Anglo-Saxon, | *lufe.* |

3

| | |
|---|---|
| Anglais, | *love.* |
| Bas-Allemand, | *leiwe*, *lewe.* |
| Hollandais, | *lifde.* |
| Frison, | *liwe.* |
| Zyriaine et Permien en Sibérie, | *lioubov.* |
| Finnois, | *giouve.* |

Il en est de même dans le mot *graben*, qui en allemand signifie *creuser.*

| | |
|---|---|
| Goth, | *graba.* |
| Vieux Allemand, | *grapo.* |
| Allemand, | *graben.* |
| Danois, | *grave.* |
| Suédois, | *græfva.* |
| Estonien, | *krawi.* |
| Lapon, | *grouopta.* |
| Finnois, | *ravi.* |
| Russe, | *rov.* |
| Géorgien, | *rouwi.* |
| Illyrien, | *rouppa.* |

Si de pareilles variations ont lieu dans les dialectes qui appartiennent presque tous à une même famille, celles qui signalent des dialectes de familles différentes seront sans doute plus considérables !

## § XXIV.

Passons aux variations des consonnes, et donnons quelques exemples.

1re et 2e séries.

| | | |
|---|---|---|
| Allemand, | *kirche*, | église. |
| Anglais, | *church* (prononcez *tchorth*), | |
| Slave, | *tserk-ov*, | |
| Suédois, | *kyrka* (prononcez *tchuerka*), | |
| Danois, | *kirk*, | |
| Allemand, | *kæse*, | fromage. |
| Anglais, | *cheese* (prononcez *tchise*), | |

En Finnois on appelle une pierre *kivi*, *tchivi* et *tsivi*.

| | | |
|---|---|---|
| Allemand, | *gieb*-el, et *gipf*-el, | sommet. |
| Arabe, | *djeb*-el, et *gheb*-el, | |
| Allemand, | *kopp*-e, | |
| Slave, | *sop*-ka, | |
| Turc, | *top*-a, *tub*-e, *tepp*-e, | |
| Anglais, | *top*, | |
| Suédois, | *topp*, | |
| Latin, | *coel*-um, | ciel. |
| Italien, | *ciel*-o (prononcez *tchelo*), | |
| Gallois, | tchel, | |
| Albanois, | *kiel* (c'était là probablement l'ancienne prononciation latine), | |
| Valaque, | *tcher*-u, | |
| Yakoute, | *khall*-an, | |

| | | |
|---|---|---|
| Allemand, | *kopf*, | |
| Bas-Allemand, | *kopp*, | |
| Hollandais, | *hoofd*, | |
| Anglais, | *head*, | |
| Bas-Allemand, | *höft*, | |
| Suédois, | *hufvud*, | tête. |
| Danois, | *hoved*, | |
| Allemand, | *haupt*, | |
| Samoyède Tawgi, | *ngaib*-a, | |
| Samoyède Motore, | *ngamb*-a, | |
| Samoyède Youratse, | *ngaiv*-au, | |
| Allemand, | *kehl*-e, | |
| Latin, | *gul*-a, | |
| Français, | *gueul*-e, | |
| Arménien, | *koul*, | |
| Géorgien, | *ghel*-i, | gosier. |
| Arabe, | *h'elq*, | |
| Mongol, | *khol*-oï, | |
| Vieux Allemand, | *khel*-e, | |
| Allemand, | *zahn*, | |
| Bas-Allemand, | *tân*, | |
| Suédois, | *tand*, | |
| Latin, | *dens*, | dent. |
| Français, | *dent*, | |
| Hébreu, | *chen*, | |

L'échange mutuel du T et du D, du P et du B est ordinaire dans la langue allemande.

Celui du F et du H l'est aussi dans l'espagnol. Du latin *facere*, l'espagnol fait *hacer*; de *filius* il fait *hijo* (prononcez *hikho*), et de *formoso*, *hermoso*. On trouve la même chose dans les différens dialectes japonois; le F et le Kh s'y remplacent. Les habitans de l'île Sikokf disent p. e. :

| | | |
|---|---|---|
| *Khirando* | pour | *Firando*, nom d'une ville. |
| *khana* | pour | *fana*, nez. |
| *khassi* | pour | *fussi*, fève. |
| *khebi* | pour | *feb*, serpent. |
| *khisa* | pour | *fisa*, genoux. |
| *khone* | pour | *fone*, os. |
| *khourou* | pour | *fourou*, secouer. |

De semblables variations existent en Hollandais. On y prononce :

| | |
|---|---|
| *kragt* au lieu de l'allemand | *kraft*, force. |
| *gragt* » » | *grab*, fosse; *graben*, creuser. |

L'échange entre S, H ou Kh est aussi très-fréquent.

Par exemple :

| | |
|---|---|
| Allemand, *salz*, sel.<br>Latin, *sal*. | Breton, *hal*-on.<br>Les Allemands disaient aussi jadis *hall*: de là le nom de *Halle*, donné aux lieux où il y a des salines. |
| Slave, *serdtsé*, cœur. | Allemand, *herz*. |

| | |
|---|---|
| Slave, *zim*-a, hiver. | Latin, *hiems.* |
| Persan, *zim*-estan. (*Zim* ou *zem* seul signifie dans la même langue *froid, vent du nord.*) | Grec, χεῖμα. |
| Zend ou Persan ancien, *zianm.* | |

Il y a échange entre les consonnes sifflantes et les gutturales.

Exemples :

| | |
|---|---|
| Arménien, | *sar*, montagne. |
| Hébreu, | *har.* |
| Slave, | *gor*-a. |
| Afghan, | *ghar.* |
| Arintse, en Sibérie, | *kar.* |

Il y a affinité entre le K et le Sh, première consonne de la 8e ou dernière série de l'alphabet sanskrit. On a remarqué aussi que beaucoup de racines qui, en sanskrit, commencent par Sh, existent également dans le grec et le latin ; seulement le Sh est ici C ou K.

Exemples :

| | |
|---|---|
| Sanskrit, *shouna,* chien. | Latin, *can*-is. / Grec, κύων. |
| Sanskrit, *shama,* douceur. | Latin, *com*-is. |
| » *shada,* tomber. | Latin, *cad*-ere. |
| » *shiacha,shacha,* tuer. | Latin, oc-*cis*-us, *caes*-us. |

## 3^e Série.

Les lettres M, B, P s'emploient l'une pour l'autre dans les dialectes turcs.

Pour

| | | |
|---|---|---|
| *bouz*, glace, | on dit : | *mouz.* |
| *boinouz*, corne, | » | *moinuz.* |
| *Bahhmout*, | » | *Mahhmoud.* |
| *michik*, chat, | » | *pichik.* |

Le radical du latin *faba* se retrouve dans le slave *bob* et le français *feve*. On voit que tantôt F est mis au lieu de B, et B au lieu de V.

## 4^e Série.

Il y a échange mutuel et très-fréquent dans toutes les langues entre L et R.

Exemples :

| | | | |
|---|---|---|---|
| Grec, | *πῦρ*, feu. | Russe, | *pyl.* |
| » | *φράγελλον*, fléau. | Latin, | *flagellum, flabellum.* (Il y a aussi échange du *g* en *b* dans ce même mot.) |
| » | *λείριον*, lys. | Latin, | *lilium.* |
| Bourguignon, | *cier.* | Français, | *ciel.* |
| » | *mier.* | » | *miel.* |
| » | *ser.* | » | *sel.* |
| Français, | *sabre.* | Allemand, | *sabel.* |
| » | *titre.* | Latin, | *titulus.* |

| | | | |
|---|---|---|---|
| Français, | *épître.* | Latin, | *epistola.* |
| » | *chapitre.* | » | *capitulum.* |
| » | *apôtre.* | » | *apostolus.* |
| » | *orme.* | » | *ulmus.* |
| | | Allemand, | *ulme.* |

Les Latins disent aussi quelquefois *lemures* pour *remures*, *rallus* pour *rarus*, *stilla* pour *stiria*, etc. Les Japonais, dans le plus grand nombre des provinces, ne peuvent prononcer L, et le remplacent dans les mots étrangers par R. Les Chinois font le contraire.

## § XXV.

La voyelle qui, dans les racines, se trouve entre deux consonnes, disparaît souvent. Alors les deux consonnes se suivent immédiatement.

Exemple :

| | | | |
|---|---|---|---|
| Grec, | χαράττω. | Allemand, | *kratze.* |
| » | κολάπτω. | » | *klopfe*, *kloppe.* |
| » | κολούω et κλάω. | » | *kliebe.* |
| » | χηλή. | » | *klaue.* |

## § XXVI.

Des exemples tels que les précédens se rencontrent à l'infini ; nous en donnons un assez grand nombre dans les comparaisons suivantes, où les mots sont rangés par séries de racines : cependant il ne faut pas perdre de vue que le changement et la variation des consonnes rendent quelquefois cette tâche bien difficile. Ces altérations sont si nombreuses et si fortes, que plusieurs grammairiens, perdant de vue les lois de la comparaison et le grand principe qui régit tout, savoir la *coïncidence requise* du *son et du sens* d'un mot avec le *son et le sens* du mot qu'on lui compare (§ XI), se sont imaginé que dans ces comparaisons, tout était vague, et par conséquent arbitraire et incertain. Si ces grammairiens avaient étudié la nature et la filiation des élémens de la parole, la nature et la filiation des idées, qui, jointes à ces élémens, produisent les mots, ils se seraient probablement abstenus d'un jugement qui, loin de nuire à l'unité du langage humain, ne nuit qu'à ceux qui l'ont hasardé.

Les racines qui constituent la parenté commune des langues sont plus anciennes, par conséquent plus brutes, pour ainsi dire, que celles qui constituent leurs affinités par familles. Plus les formes des mots sont anciennes, plus elles sont courtes et compactes; plus elles sont récentes, et plus elles s'allongent et s'atténuent.

# TROISIÈME PARTIE.

## EAU.

### I. *Racine.* V *et* B *avec voyelle;* OUD, OUT, VT, *et autres analogues.*

| | | |
|---|---|---|
| Sanskrit. | Asie méridionale. | va. |
| Zyriaine et Permien. | Sibérie. | va. |
| Votiake. | Sibérie. | va. |
| Iles des Cocos. | Océanie. | vaü. |
| Java. | Asie méridionale. | vaya, baya. |
| Mordouine. | Sur le Volga. | vaite. |
| Mokchane. | Sur le Volga. | vete. |
| Tcheremisse. | Sur le Volga. | vioute. |
| Slave. | | voda. |
| Goth. | | vat. |
| Vogoule. | Sibérie. | vite. |
| Bas-Allemand. | | water. |
| Anglais. | | water. |
| Guinée. | Afrique occid. | bato. |
| Islandais. | | vata. |
| Sanskrit. | Asie méridionale. | oud'ha. |
| Zamuka. | Amérique mérid. | yote. |
| Vogoul. | Sibérie. | ouit, outai. |
| Afghan. | Asie occidentale. | ouda. |
| Mahratte. | Asie méridionale. | oudak. |

| | | |
|---|---|---|
| Kanara. | Asie méridionale. | oudaka. |
| Grec. | | hudor. |
| Samoyède. | Sibérie. | ite, yte, ouite, vite. |
| Lettonien. | | oudense. |
| Lithuanien. | | voundouo. |
| Latin. | | pontus. |
| Vieux Allemand. | | wag. |
| Abak. | Iles Philippines. | vahi, bahi. |

II. *Racine.* VS, BS, *et* S *précédé d'une voyelle sans labiale.*

| | | |
|---|---|---|
| Allemand. | Caucase. | wasser. |
| Sette-Communi. | Italie. | bassar. |
| Finnois. | | vessi. |
| Estonien. | | vessi. |
| Hongrois. | | viz. |
| Erse. | | uisge. |
| Irlandais. | | isge. |
| Souane. | Caucase. | vitse. |
| Doungola. | Afriq. moyenne. | esseg. |
| Youkaghir. | Asie orientale. | ouché. |
| Mongol. | Asie moyenne. | oussou. |
| Galla. | Afriq. moyenne. | bissa. |
| Tcherkesse. | Caucase. | psi. |

III. *Racine.* DR.

| | | |
|---|---|---|
| Breton. | France. | dur. |
| Gallois. | Angleterre. | du . |
| Vieux Français. | | durum. |
| Cornouaille. | France. | dour. |

## IV. *Racine.* DO, DOU, TOU, etc.

| | | |
|---|---|---|
| Loulé. | Amériq. mérid. | to. |
| Sanskrit. | Asie méridion. | toya. |
| Bambara. | Afrique occid. | dhu. |
| Dâr Rounga. | Afriq. moyenne. | tho. |
| Ossète. | Caucase. | don, doun (*eau* et *rivière.*) |
| Sanskrit. | Asie méridionale. | dhouni (*rivière*). |
| Caraïbe. | Amérique mérid. | toné. |
| Tamanaka. | Amérique mérid. | touna. |
| Pampanghi. | Iles Philippines. | danoum. |
| Nouvelle-Guinée. | Océanie. | dan. |
| Mobimah. | Amérique mérid. | tomi. |
| Poumpokol-Ostiake. | Sibérie. | dok. |
| Wolof. | Afriq. occident. | dok, mdok. |
| Tagala. | Iles Philippines. | toubig. |
| Tchikita. | Amérique mérid. | tououse. |

## V. *Racine.* HM, HN, AM, OUN, etc.

| | | |
|---|---|---|
| Aimara. | Amérique mérid. | houma. |
| Latin. | | humor, humidus. |
| Berber. | Afrique orient. | aman. |
| Borgou. | Afrique orient. | amanga. |
| Timbouktou. | Afriq. moyenne. | ami. |
| Affadeh. | Afriq. moyenne. | ameh. |
| Korana-Hottentot. | Afrique mérid. | t'kamma. |
| Péruvien. | Amérique mérid. | houno. |
| Karasse. | Sibérie. | hun. |
| Homagua. | Amérique mérid. | ouni. |

| | | |
|---|---|---|
| Moxa. | Amérique mérid. | oune, oueni. |
| Maïpura. | Amérique mérid. | oueni. |
| Kamtchat. de Karagha. | Asie orientale | in. |
| Fétou. | Afriq. occident. | insou. |
| Ostiake. | Sibérie. | yn, eng. |
| Achanti. | Afrique occident. | inchou. |
| Mobba. | Afriq. moyenne. | endjy. |
| Bournou. | Afriq. moyenne. | anghi. |
| Madoura. | Java. | aïng. |
| Kazi-Koumuk. | Caucase. | sin. |
| Akoucha. | Caucase. | chin. |

## VI. *Racine.* N, *avec voyelle*, NR, NL, etc.

| | | |
|---|---|---|
| Persan. | Asie occidentale. | nâ. |
| Tembora. | Iles de la Sonde. | naïno. |
| Tonkin. | Inde orientale. | noudi, nouets. |
| Sanskrit. | Asie méridionale. | nir. |
| Kanara. | Asie méridionale. | nirou. |
| Grec moderne. | | nero. |
| Malabar. | Asie méridionale. | nir. |
| Hindoustâni. | Asie méridionale. | nir. |
| Waroughe. | Asie méridionale. | nilou. |
| Algonkin. | Amérique sept. | nipi. |
| Mbaya. | Amérique mérid. | niogodi. |

## VII. *Racine.* VR, BR, PR.

| | | |
|---|---|---|
| Sanskrit. | Asie méridionale. | vâr, vâri. |
| Nouvelle-Guinée. | Océanie. | var. |

| | | |
|---|---|---|
| Hindoustâni. | Asie méridionale. | bâr. |
| Nouvelle-Hollande. | Océanie. | pouraï. |
| Basque. | | our. |

## VIII. *Racine.* AB, AV, AK, AI, etc.

| | | |
|---|---|---|
| Sanskrit. | Asie méridionale. | âp. |
| Persan. | Asie occidentale. | âb. |
| Kurde. | Asie occidentale. | apa. |
| Zend. | Vieux Persan. | apem. |
| Afghan. | Asie occidentale. | oubi. |
| Lampounga. | Iles de la Sonde. | ouveï. |
| Yaroura. | Amérique mérid. | ouvi. |
| Tahiti. | Océanie. | avaï, evaï. |
| Sapibokoni. | Amérique mérid. | éoubi. |
| Ternate. | Iles de la Sonde. | aki. |
| Sanghir. | Iles de la Sonde. | aké. |
| Latin. | | aqua. |
| Péruvien. | Amérique mérid. | yaka. |
| Bétoï. | Amérique mérid. | okoudou. |
| Vogoule. | Sibérie. | aghel. |
| Kouchasib-Abaze. | Caucase. | agou. |
| Ethiopien. | Afrique orientale. | ouha. |
| Malai. | Asie méridionale. | ayer, eyer. |
| Bicharyeh. | Afriq. moyenne. | ayam. |
| Souake. | Afriq. moyenne. | eyern. |
| Albanais. | Europe mérid. | oui. |

## IX. *Racine.* BI, VI.

| | | |
|---|---|---|
| Samoyède. | Sibérie. | bi, bu, bé. |

| | | |
|---|---|---|
| Kourile. | Asie orientale. | pi, pé. |
| Épirote. | Europe mérid. | vié. |

X. *Racine.* I.

| | | |
|---|---|---|
| Koriaike. | Asie orientale. | i. |
| Samoyède. | Sibérie. | i, ïi. |
| Kamtchatka moyen. | Asie orientale. | ïi. |
| Gouarani et Toupi. | Amérique mérid. | i. |
| Mandingo. | Afriq. moyenne. | yï. |

XI. *Racine.* K, *avec voyelle.*

| | | |
|---|---|---|
| Araucana. | Amérique mérid. | ko. |
| Darfour. | Afriq. moyenne. | koro. |
| Bosjesman Hottentot. | Afrique mérid. | t'kohaa. |

XII. *Racine.* R, *avec voyelle.*

| | | |
|---|---|---|
| Birman. | Indes orientales. | re. |
| Menadou. | Java. | rano. |
| Macassar. | Afrique. | rano, ranou. |
| Carolines. | Océanie. | ral, ralou. |
| Formosa. | Asie orientale. | raolaum. |

XIII. *Racine.* YA.

| | | |
|---|---|---|
| Maya au Yukatan. | Amérique mérid. | ya. |
| Kamtchatka mérid. | Asie orientale. | ya. |
| Samoyède. | Sibérie. | yia. |

XIV. *Racine.* M, *avec voyelle et consonnes.*

| | | |
|---|---|---|
| Vilèla. | Amériq. moyenn. | ma. |

| | | |
|---|---|---|
| Arabe. | Asie orientale. | ma, maï. |
| Hébreu. | Sibérie. | meï. |
| Affadeh. | Afriq. moyenne. | ameh. |
| Chaldéen. | Asie occidentale. | maï, maïo. |
| Syrien. | Asie occidentale. | maya. |
| Assyrien. | Asie occidentale. | mïia. |
| Pehlvi. | anc. en Perse. | mia. |
| Birman. | Inde orientale. | mi. |
| Tiggry. | Afrique orientale. | mi. |
| Argoubba. | Afrique orientale. | me. |
| Toungouse. | Asie orientale. | mou, mouai. |
| Coréen. | Asie orientale. | mool. |
| Mandchou. | Asie orientale. | mouke. |
| Copte. | Afrique septentr. | mooë. |
| Chillouk. | Afrique septentr. | maghé. |
| Angola. | Afrique occident. | menha. |
| Koriaike. | Asie orientale. | mima, mimel. |
| Tchouktche. | Asie orientale. | mimil. |
| Kongo. | Afrique occident. | massé, masa, mazia. |
| Angola. | Afrique occident. | massa. |
| Loango. | Afriq. occident. | mazeï. |
| Japonais. | Asie orientale. | mits, mitsou. |
| Betchouan Caffre. | Afrique mérid. | meetsi. |
| Baie de Lagoa. | Afrique orientale. | mati. |
| Tahasse. | Afriq. moyenne. | meout. |

XV. *Racine.* S *et autres sifflantes, avec voyelles.*

| | | |
|---|---|---|
| Turc. | Europe et Asie. | sou, souve, soou. |
| Kiriri. | Amérique mérid. | dzou. |
| Persan. | | soub. |

| | | |
|---|---|---|
| Kalmuke. | Asie moyenne. | sou. |
| Chinois. | Asie orientale. | choui. |
| Tchouvache. | Sur le Volga. | chiou. |
| Widah. | Afriq. moyenne. | asioué. |
| Abaze. | Caucase. | dzé. |
| Pampanghi. | Iles Philippines. | sabag. |
| Tibétain. | Asie moyenne. | tchou. |
| Arménien. | Asie méridionale. | tchour. |
| Java. | Iles de la Sonde. | tchaï. |
| Sanskrit. | Asie méridionale. | djala. |
| Hindoustâni. | Asie méridionale. | djel. |

### XVI. *Racine.* PN, BN.

| | | |
|---|---|---|
| Malabare. | Asie méridionale. | pan. |
| Tsingane (nommé mal à propos Bohémien.) | | pany. |
| Hindoustâni. | Asie méridionale. | pany, ben. |
| Sanskrit. | Asie méridionale. | panîya. |
| Java. | Iles de la Sonde. | baniou. |

### XVII. *Racine.* HTL, TL, HL, KL, etc.

| | | |
|---|---|---|
| Dido. | Caucase. | htli. |
| Andi. | Caucase. | htlen. |
| Lesghi d'Avar. | Caucase. | tl'i. |
| Lesghi d'Antsoukh. | Caucase. | htlim. |
| Lesghi de Tchar. | Caucase. | khlim. |
| Magindanao. | Iles Philippines. | klayou. |
| Géorgien. | Asie occidentale. | tskali. |
| Kotchimi. | Amérique mérid. | kahal. |
| Saliva. | Amérique mérid. | kagoua. |

# FEU.

## I. *Racine*, OUR, FR. Voyez *Racine* IX.

| | | |
|---|---|---|
| Afghan. | Asie. | oor, our. |
| Kurde. | Asie occidentale. | ouour. |
| Arménien. | Asie occidentale. | hour. |
| Latin. | | urere. |
| Nouvelle-Guinée. | Océanie. | for. |
| Grec. | | pyr. |
| Allemand. | | feuer. |
| Vieux Allemand. | | fiour. |
| Angle-Saxon. | | fir. |
| Japonais. | Asie. | fi. |
| Grison. | | fia. |

## II. *Racine*. KR, etc.

| | | |
|---|---|---|
| Iles-Pelew. | Océanie. | karr. |
| Arabe. | Asie occidentale. | häräk. |
| Arménien. | Asie occidentale. | gräg. |
| Assyrien. | Asie. | kouira. |
| Basque. | | karra (*flamme*). |
| Copte. | Afrique septentr. | grom, khrom. |

## III. *Racine*. VO, FO, HO, KHO, BO, FK, KT, etc.

| | | |
|---|---|---|
| Zyriaine et Permien. | Sibérie. | vö. |
| Mobimah. | Amérique mérid. | vée. |
| Valaque. | | fok. |
| Italien. | | foco. |
| Portugais. | | fogo. |
| Zamuka. | Amérique mérid. | piok. |
| Provençal. | | fioc. |

| | | |
|---|---|---|
| Inbatse. | Sibérie. | bok. |
| Ostiake de Poumpo-kolsk. | Sibérie. | boutch. |
| Grec moderne. | | fotia. |
| Betoï, | Amérique mérid. | foutoui. |
| Chinois. | Asie orientale. | `kho, ho. |
| Affadeh. | Afriq. moyenne. | hou. |
| Kotove. | Sibérie. | khot. |
| Assane. | Sibérie. | hat. |
| Turc. | En diff. dialectes. | ot, oud, out. |
| Haoussa. | Afriq. moyenne. | oota. |
| Darfour. | Afriq. moyenne. | otou. |
| Tchouvache. | Sur le Volga. | vot. |
| Turc-Iakoute. | Sibérie septentr. | vot. |
| Sakkatou. | Afriq. moyenne. | eeta. |
| Sapiboconi. | Amérique mérid. | kouati. |
| Maïpura. | Amérique mérid. | katti. |
| Araukana. | Amérique mérid. | koutal. |
| Tchikita. | Amérique mérid. | peets. |
| Loaugo. | Afriq. moyenne. | bazou. |
| Mobba. | Afriq. moyenne. | voussik. |
| Tamoul. | Asie méridionale. | voukakini. |
| Hébreu. | | béghérah. |
| Lesghi d'Avar. | Caucase. | bakala. |

## IV *Racine.* AK, AG, AF, etc.

| | | |
|---|---|---|
| Hindoustâni. | Asieméridionale. | ag, aghin. |
| Tsingane (ou Bohémien). | | yag, yago. |
| Tiggry. | Afrique orient. | haug. |
| Moxa. | Amérique mérid. | youka. |
| Berber. | Afrique orient. | ika. |

| | | |
|---|---|---|
| Doungola. | Afriq. moyenne. | ik. |
| Nouba. | Afrique orient. | eeka. |
| Achanti. | Afrique occident. | oghiäh, eghia. |
| Sanskrit. | Asie méridionale. | agheni. |
| Bengali. | Asie méridionale. | âgoun. |
| Latin. | | ignis. |
| Lithuanien. | | ougnis. |
| Lettonien. | | ouggouns. |
| Slave. | | ogon. |
| Krive. | Prussien. | oughé. |
| Youkaghir. | Sibérie septentr. | yenghilo. |
| Iles de Société. | Océanie. | ouaga. |
| Breton. | France. | afo. |
| Gallois. | Angleterre. | ufel. |
| Kourile. | Asie orientale. | api. |
| Malaï. | Asie méridionale. | api. |
| Tagala. | Iles Philippines. | apoui. |
| Tamanaka. | Amérique mérid. | ouapto. |
| Nouvelle-Guinée. | Océanie. | eef. |
| Macassar. | Afrique. | afou, affou. |
| Timbouktou. | Afriq. moyenne. | ofi. |

V. *Racine.* N *avec voyelle*, *et* NR.

| | | |
|---|---|---|
| Vogoule. | Sibérie. | naï. |
| Pehlvi. | Perse. | naglia. |
| Vilèla. | Amérique mérid. | nie. |
| Phellata. | Afriq. moyenne. | niïte. |
| Pérou et Aimara. | Amérique mérid. | nina. |
| Tanna. | Océanie. | naoup. |
| Nouvelle-Calédonie. | Océanie. | naoup. |
| Arabe. | Asie. | nâr. |

| | | |
|---|---|---|
| Syriaque. | Asie. | nour. |
| Chaldéen. | Asie. | nour, nyrou. |
| Java. | Iles de la Sonde. | e-nar. |

VI *Racine.* AT, ADZ, *etc.* Voyez *Racine* III.

| | | |
|---|---|---|
| Chaldéen. | Asie occidentale. | aït. |
| Hébreu, | | ét. |
| Persan. | | atech. |
| Zend. | Vieux Persan. | aterech. |
| Farsi. | Vieux Persan. | adzer. |
| Fetou. | Afrique occident. | edja. |

VII *Racine.* L *avec voyelle.*

| | | |
|---|---|---|
| Akräi. | Afrique occident. | la. |
| Tonkin. | Inde orientale. | loua. |
| Allemand. | | lohe. |

VIII *Racine.* SN, *etc.*

| | | |
|---|---|---|
| Ossète. | Caucase. | sing. |
| Dougore. | Caucase. | dzing. |
| Persan. | Asie occidentale. | seng, jeng. |
| Java. | Iles Sounda. | djini. |

IX *Racine.* IL, EL, *analogue à la Racine* I.

| | | |
|---|---|---|
| Frison. | | il. |
| Danois. | | ild. |
| Islandais. | | elldur. |
| Suédois. | | eld. |
| Vogoule. | Sibérie. | oulé, oulia, oulga. |
| Anglo-Saxon. | | aled. |

X *Racine.* TN.

| | | |
|---|---|---|
| Breton. | France. | tan. |
| Gallois. | Angleterre. | tan. |
| Irlandais. | | thinea. |
| Erse. | | tiene. |
| Mandingo. | Afrique occident. | dîmba. |
| Souake. | Afriq. moyenne. | tonih. |
| Mandingo. | Afrique occident. | diane-ba. |
| Foulah. | Afrique occident. | dian-gol. |
| Bicharyeh. | Afrique orientale. | teneyt. |

XI *Racine.* T *suivi d'une voyelle,* etc.

| | | |
|---|---|---|
| Samoyède. | Sibérie. | tu, tou, ti. |
| Malabare. | Asie méridionale. | ti. |
| Krepeer. | Afrique occident. | dio. |
| Bosjesman Hottentot. | Afrique mérid. | tyih. |
| Taghintse. | Sibérie. | toui. |
| Karasse. | Sibérie. | doui, toui. |
| Motore. | Sibérie. | toui. |
| Angola. | Afrique mérid. | toubia. |
| Ostiake. | Sibérie. | tiod, tout. |
| Hongrois. | | tuz. |
| Bambara. | Afrique occid. | tassema. |
| Othomi. | Afriq. moyenne. | dehe. |
| Vogoule. | Sibérie. | taout, tat. |
| Gouarani, Toupi, Brésil, Homagoua. | Amérique mérid. | tata. |
| Ostiake. | Sibérie. | tougout. |
| Toungouse. | Asie orientale. | togo. |
| Mandchou. | Asie orientale. | toua, touva. |

| | | |
|---|---|---|
| Estonien. | | toulli. |
| Finlandois. | | touli. |
| Lapon. | | tol, tollo. |
| Mordva et Mokcha. | Sur le Volga. | tol. |
| Tcherémisse. | Sur le Volga. | toul, tul. |
| Votiake. | Sur le Volga. | toul. |
| Mexicain. | Amér. moyenne. | tlé-tl. |

XII *Racine. Consonne sifflante avec une voyelle.*

| | | |
|---|---|---|
| Khoundzakh. | Caucase. | tsa. |
| Lesghi. | Caucase. | tsa, tsia. |
| Éthiopien. | Afrique occid. | sat. |
| Algonkin. | Amériq. septent. | skate. |
| Sanskrit. | Asie méridionale. | djata. |
| Touchi. | Caucase. | tse. |
| Ingouche. | Caucase. | tse, tsy. |
| Tchetchentse. | Caucase. | tsie. |
| Géorgien. | Asie occidentale. | tzetzli. |
| Koïbale. | Sibérie. | sy. |
| Basque. | | sou. |
| Kamache. | Sibérie. | chou. |
| Sanskrit. | Asie méridionale. | soutchi. |

XIII. *Racine.* SR.

| | | |
|---|---|---|
| Arabe. | | sou'ar. |
| Albanois. | Europe mérid. | siarm. |

XIV. *Racine.* MS, MTS.

| | | |
|---|---|---|
| Lesghi d'Avar. | Caucase. | mtse, mitsa. |
| Kouchhazib Abaze. | Caucase. | mitcha. |
| Chillouk. | Afriq. moyenne. | masse. |

# PLUIE.

## I. *Racine.* RG, RN.

| | | |
|---|---|---|
| Goth. | | rign. |
| Suédois et Danois. | | regn. |
| Allemand. | | regen. |
| Latin, Grec. | | rigare, raineīn (*asperger*). |
| Vogoule. | Sibérie. | rag,rakh,rakhom. |
| Frison. | | rin. |
| Anglais. | | rain. |

## II. *Racine.* PL, GL, L.

| | | |
|---|---|---|
| Latin. | | pluvia. |
| Portugais. | | chuva. |
| Breton. | France. | gloa. |
| Gallois. | Angleterre. | glaw. |
| Espagnol. | | lluvia. |
| Vilèla. | Amérique mérid. | loue. |
| Ostiake de Loumpokolsk. | Sibérie. | lovot, livotchi. |
| Mobimah. | Amérique mérid. | loulouvanas. |

## III. *Racine.* OUR, OR, AR, BR, etc.

| | | |
|---|---|---|
| Kotte et Assane. | Sibérie. | our. |
| Romance. | | oree. |
| Basque. | | euri, uria. |
| Ostiake de Poumpokolsk. | Sibérie. | oures, ourait. |
| Bisaya. | Iles Philippines. | ouran. |
| Abak. | Iles Philippines. | oran. |

| | | |
|---|---|---|
| Macassar. | Afrique. | oranes. |
| Irlandais. | | forrin. |
| Chillouk. | Afrique orient. | orounghe. |
| Moungala. | Afriq. moyenne. | arougk. |
| Ossète. | Caucase. | var, varan. |
| Persan. | Asie occidentale. | baran. |
| Kurde. | Asie occidentale. | paran, baren. |
| Hindoustâni. | Asie méridionale. | bark'ha. |
| Kitchoua. | Pérou, Am. mér. | para. |
| Mongol. | Asie moyenne. | boro. |
| Sanskrit. | Asie méridionale. | varcha, vrichti. |

IV *Racine.* L *précédé d'une voyelle, quelquefois aspirée.*

| | | |
|---|---|---|
| Aimara. | Amérique mérid. | hallou, |
| Romance. | | alvasse. |
| Berber. | Afrique septentr. | elehiva. |
| Tagala. | Iles Philippines. | olan, oulan. |
| Inbatse. | Sibérie. | oulles. |
| Ieniseïen. | Sibérie. | oul, uhl. |
| Darfour. | Afriq. moyenne. | ouel. |
| Betjouana. | Afrique mérid. | pouhla. |
| Baie de Lagoa. | Afrique orientale. | 'mphoulo. |
| Caffre. | Afrique mérid. | 'nfoula. |
| Angola. | Afrique mérid. | nfoula. |
| Iles Pelew. | Océanie. | koull. |

V. *Racine.* KM, TSM.

| | | |
|---|---|---|
| Dido. | Caucase. | kema. |
| Algonkin. | Amérique sept. | kimiuan. |
| Géorgien. | Asie occidentale. | tsima. |
| Mingrelien. | Asie occidentale. | tchima. |
| Kitchoua. | Pérou, Am. mér. | tamia. |

## VI. *Racine.* KO, KV.

| | | |
|---|---|---|
| Yaroura. | Amérique mérid. | koo. |
| Kouchhazib Abaze. | Caucase. | kouou. |
| Dougore. | Caucase. | kawda. |
| Mexicain. | Amér. moyenne. | kiaoui-tl. ( *tl* est une terminaison ordinaire des substantifs. ) |

## VII. *Racine.* AM, etc.

| | | |
|---|---|---|
| Gouarani. | Amérique mérid. | ama. |
| Japonais. | Asie orientale. | ame. |
| Toupi. | Amérique mérid. | aman. |
| Homagoua. | Amérique mérid. | amana. |
| Turc. | Europe et Asie. | yamghour, yangmour. |
| Bachkir. | Sibérie. | yambour. |
| Berber. | Afrique septentr. | ambour-ka. |
| Grec. | | ombros. |
| Latin. | | imber. |
| Ostiake de Loumpokolsk. | Sibérie. | youmal. |
| Ostiake de Berezov. | Sibérie. | yommal. |

## VIII. *Racine.* DH, DG, DS, DV, etc.

| | | |
|---|---|---|
| Othomi. | Afriq. moyenne. | dâhi. |
| Tchetchentse. | Caucase. | dagou, daougou. |
| Islandais. | | diog. |
| Slave. | | dojd. |
| Dalmatien. | | dasg. |
| Tchikita. | Amérique mérid. | taas. |
| Tonkin. | Inde orientale. | dot. |

| | | |
|---|---|---|
| Wolof. | Afrique occident. | taw. (Comparez l'allemand *thau*, rosée.) |
| Basa-Krama. | Java, Iles de la Sonde. | diavouh. |
| Tonkin. | Inde orientale. | daou. |

IX. *Racine.* M *suivi d'une voyelle.*

| | | |
|---|---|---|
| Birman. | Inde orientale. | mo. |
| Tonkin. | Inde orientale. | moua. |
| Moultani. | Asie méridionale. | mew. |
| Araucana. | Amérique mérid. | maoun. |

X. *Racine.* MT.

| | | |
|---|---|---|
| Hébreu. | | matar. |
| Arabe. | | matar. |
| Chaldéen de Baszra. | Asie occidentale. | metra. |
| Syriaque. | | metro. |

XI. *Racine.* OUD, OUDJ.

| | | |
|---|---|---|
| Java. | Iles de la Sonde. | oudan. |
| Toungouse. | Asie septentr. | oudan, odoun. |
| Kayoubaba. | Amérique mérid. | idabou. |
| Malaï. | Asie méridionale. | oudjan, houdjan. |

XII. *Racine.* KN.

| | | |
|---|---|---|
| Akoucha. | Caucase. | kani. |
| Koriaike. | Asie septentr. | kantch. |
| Tamanaka. | Amérique mérid. | kanepo. |

XIII. *Racine.* SR, TCHR, etc.

| | | |
|---|---|---|
| Votiak. | Sur le Volga. | ser. |

| | | |
|---|---|---|
| Permien. | Sibérie. | ser, syr. |
| Samoyède. | Sibérie. | sar, sarr, sorre, servo. |
| Motore. | Sibérie mérid. | sirrou. |
| Kourile. | Asie orientale. | sirroughen. |
| Tibétain. | Asie moyenne. | tchar-wa. (*wa* est une terminaison ordinaire des substantifs.) |
| Bouriate et Kalmuke. | Asie moyenne. | joura. |
| Taighintse. | Sibérie. | chirrou. |
| Épirote. | Europe mérid. | chiou. |
| Albanois. | Europe mérid. | chiï. |

XIV. *Racine.* KR, KHR.

| | | |
|---|---|---|
| Touchî. | Caucase. | kare. |
| Kazi Koumuk. | Caucase. | gwaral. |
| Bouriate. | Asie moyenne. | khoura. |
| Arintse. | Sibérie mérid. | kour. |

XV. *Racine.* N.

| | | |
|---|---|---|
| Sapibokoni. | Amérique mérid. | naï. |
| Abipon. | Amérique mérid. | naït. |
| Persan. | Asie occidentale. | noùf. |

# VENT.

I. *Racine.* FN, GN, HN, *ou voyelle initiale avec* N.

| | | |
|---|---|---|
| Sapibokoni. | Amérique mérid. | véni. |
| Latin. | | ventus. |
| Filles du latin. | | vento, vent. |
| Allemand. | | wind. |

| | | |
|---|---|---|
| Chinois. | Asie orientale. | fung, hong. |
| Bambara. | Afrique occid. | fieng. |
| Gallois. | Angleterre. | goint. |
| Cornouaille. | France. | guenz. |
| Maghindano. | Iles Philippines. | oundou. |
| Malaï. | Asie. | anghin. |
| Madagascar. | Afrique. | anghen. |

II. *Racine.* VT, WS, BD, GT, *ou précédé d'une voyelle, ou sans labiale.*

| | | |
|---|---|---|
| Sanskrit. | | vâta. |
| Vogoule. | Asie septentr. | vot, vat. |
| Ostiake. | Asie septentr. | vot, ouat. |
| Slave. | | vetr. |
| Homagoua. | Amérique mérid. | khouetou. |
| Guarani. | Amérique mérid. | ibitou. |
| Toupi. | Amérique mérid. | ibitou. |
| Brésilien. | Amérique mérid. | oubtou. |
| Persan. | Asie occidentale. | bâd. |
| Berber. | Afrique septentr. | t-vadou. |
| Kurde. | Asie occidentale. | paat. |
| Ossète. | Caucase. | baad. |
| Bengali. | Asie méridionale. | batach. |
| Hindoustâni. | Asie méridionale. | batâs. |
| Tamanaka. | Amérique mérid. | petcheite. |
| Angola. | Afrique mérid. | ittou. |
| Berber. | Afrique septent. | adou. |
| Toungouse. | Asie septentr. | odyn, edyn. |
| Mandchou. | Asie orientale. | edoun. |
| Livonien. | | vess. |
| Lithuanien. | | vej. |
| Irlandais et Erse. | | gaoth, gaot. |

## III. *Racine.* WA, BA, PA, BI, PI, etc.

| | | |
|---|---|---|
| Vilèla | Amérique mérid. | vo. |
| Sanskrit. | Asie méridionale. | vâyu. |
| Hindoustâni. | Asie méridionale. | bâo, bâï. |
| Allemand. | | wehen. |
| Copte. | Afrique septentr. | vaï. |
| Mobimah. | Amérique mérid. | poouhmouh. |
| Ostiake du Ieniseï. | Asie septentrion. | peï, paï, beï. |
| Yaroura. | Amérique mérid. | paé. |
| Tawghi-Samoyède. | Asie septentrion. | bié. |
| Lapon. | | pyèg. |
| Araucana. | Amérique mérid. | pikou. |
| Betchouan-Caffre. | Afrique mérid. | pekhou. |
| Hindoustâni. | Asie méridionale. | pewen. |

## IV. *Racine.* BR, VR.

| | | |
|---|---|---|
| Tsingane | ou Bohémien. | bear. |
| Bengali. | Asie méridionale. | beyar. |
| Malabare. | Asie méridionale. | beyar. |
| Islandais. | | bir. |
| Souake. | Afrique. | bara. |
| Hindoustâni. | Asie méridionale. | bara. |
| Mordvine. | Sur le Volga. | barssa. |
| Kamache. | Sibérie. | barchi. |
| Koïbale. | Sibérie. | barssé. |
| Lapon. | | wiro. |
| Kitchoua. | Pérou. | guaïra. |

## V. *Racine.* MR.

| | | |
|---|---|---|
| Samoyède. | Asie septentr. | merg. |
| | | merk. |

| | | |
|---|---|---|
| | | mertché. |
| | | mertsé. |
| Ostiake de Narym. | Sibérie. | merga. |
| Tcheremisse. | Sur la Volga. | mardech. |
| Hindoustâni. | Asie méridionale. | marout. |

VI. *Racine.* MT, MS, *analogue à la Racine II.*

| | | |
|---|---|---|
| Iles de Sandwich. | Océanie. | matani. |
| Iles de la Société. | Océanie. | mattaï. |
| Iles des Amis. | Océanie. | matanghi. |

VII. *Racine.* N *avec voyelle.*

| | | |
|---|---|---|
| Abipon. | Amérique mérid. | nayim. |
| Géorgien. | Asie occidentale. | niavi. |

VIII. *Racine.* M *avec voyelles.*

| | | |
|---|---|---|
| Ingouche. | Caucase. | mokh. |
| Caffre. | Afrique. | moya. |
| Baie de Lagoa. | Afrique orient. | meïho. |

IX. *Racine.* KR, KHR.

| | | |
|---|---|---|
| Géorgien. | Asie occidentale. | kari, kyri. |
| Lesghi d'Antsoukh. | Caucase. | khouri. |
| Arabe. | Asie méridionale. | khèryk (de kèrk, *souffler*). |
| Kourile. | Asie orientale. | keera. |
| Araukana. | Amérique mérid. | krouv. |
| Kitchoua. | Pérou. | houayra, gouayra. |

X. *Racine.* L *avec voyelle.*

| | | |
|---|---|---|
| Birman. | Indes orientales. | le. |
| Algonkin. | Amérique sept. | lutin. |

| | | |
|---|---|---|
| Allemand. | | luft. |
| Grison. | | lust. |
| Hindoustâni. | Asie. | lou (vent chaud). |

XI. *Racine.* KI, etc.

| | | |
|---|---|---|
| Kamtchadale. | Asie orientale. | kyteg. |
| Koriaike. | Asie orientale. | kytteg. |
| Angola. | Afrique. | kouitou. |
| Maïpoura. | Afrique mérid. | kipoukou. |
| Koriaike. | Asie orientale. | keipk. |
| Japonais. | Asie. | kajio. |
| Korana Hottentot. | Afrique mérid. | t'koaab. |
| Bosjesman Hottentot. | Afrique mérid. | t'kooïh. |

XII. *Racine.* EL, IL, ER, *etc.*

| | | |
|---|---|---|
| Turc. | Europe et Asie. | el, il. |
| Arabe. | | heil. |
| Wolof. | Afrique occid. | nghelo. |
| Mobba. | Afriq. moyenne. | aoulik. |
| Breton. | France. | avel. |
| Albanais. | Europe. | er. |
| Epirote. | Europe. | here. |
| Latin, etc. | | aer, aria, air. |
| Chaldéen. | Asie. | aiar. |
| Géorgien. | Asie occidentale. | haëri. |

XIII. *Racine.* TL, SL, etc.

| | | |
|---|---|---|
| Zyriaine. | Sibérie. | tel. |
| Votiake. | Sibérie. | tiel, tel, tol. |
| Ostiake. | Sibérie. | tyl, teul. |
| Turc Iakoute. | Sibérie septentr. | tel. |

| | | |
|---|---|---|
| Finnois. | | tououli. |
| Doungala. | Afriq. moyenne. | tourouka. |
| Berber. | Afriq. moyenne. | touka. |
| Bachkire. | Asie occidentale. | djil. |
| Turc de Tobolsk. | Sibérie. | ghil. |
| Turc de Baraba. | Sibérie. | dil. |
| Tchouvache. | Sur le Volga. | sil, sæl. |
| Hongrois. | | sél. |
| Mongol. | Asie moyenne. | salki, salkin. |
| Telengoute. | Sibérie mérid. | salkhyn. |
| Darfour. | Afriq. moyenne. | soùrou. |

*Consonnes finales perdues.*

| | | |
|---|---|---|
| Copte. | Egypte. | tiu, tsiou. |
| Aimara. | Amérique mérid. | taya. |
| Affadeh. | Afriq. moyenne. | sih. |
| Tcherkesse. | Caucase. | jji. |
| Kiriri. | Amérique mérid. | souo. |

XIII. *Racine qui cherche des analogues.*

| | | |
|---|---|---|
| Basque. | En Guipuscoïa. | aise. |
| Basque. | En Biscaya. | aszi. |

# SOLEIL.

I. *Racine.* SR, KHR, SL, HL, *etc.*

| | | |
|---|---|---|
| Hindoustâni. | Asie méridionale. | sour, souradj. |
| Sanskrit. | Asie méridionale. | soura, souria. |
| Valaque. | | soare. |
| Korana Hottentot. | Afrique mérid. | sorœhb. |

| | | |
|---|---|---|
| Persan. | Asie occidentale. | khour, khor. |
| Pehlvi. | Autref. en Perse. | hour. |
| Ossète. | Caucase. | khour. |
| Dougore. | Caucase. | khor. |
| Samoyède. | Sibérie. | khaër, kayar. |
| Zend. | Vieux Persan. | hoouere. |
| Guarani. | Amérique mérid. | kouarasi. |
| Toupi. | Amérique mérid. | koaratsi. |
| BosjesmanHottentot. | Afrique mérid. | t'koara. |
| Homagoua. | Amérique mérid. | houarassi. |
| Irlandais. | | grene, grian. |
| Erse. | | grian. |
| Latin. | | sol. |
| Lettonien et Lithuanien. | | saule. |
| Slave. | | solnze. |
| Samoyède. | Sibérie. | tcheld, tchel. |
| Gallois. | Angleterre. | hail. |
| Breton. | France. | heaul |
| Cornouaille. | Angleterre. | houl. |
| Grec. | | hélios. |
| Grec moderne. | | ilios. |
| Viléla. | Amérique mérid. | olo. |
| Mobimah. | Amérique mérid. | iltcha. |

## II. *Racine.* SN, CHN.

| | | |
|---|---|---|
| Allemand. | | sonne. |
| Anglais. | | sun. |
| Ostiake. | Sibérie. | siouna. |
| | | siounk. |
| | | sioung. |
| Persan. | | jeng, zeng. |

| | | |
|---|---|---|
| Toungouse. | Sibérie. | sigoun. |
| Maghindanao. | Iles Philippines. | senang. |
| Mandchou. | Asie orientale. | choun. |
| Zyriaine. | Sibérie. | chondy. |
| Permien. | Sibérie. | choundy. |
| Toungouse. | Sibérie. | chivoun, chiggoun. |
| Hébreu. | | chems. |
| Arabe. | | chems. |

III. *Racine.* KH, K, *avec voyelle.*

| | | |
|---|---|---|
| Samoyède. | Sibérie. | khaya, khăæ. |
| Koïbale et Motore. | Sibérie mérid. | kaïya. |
| Coréen. | Asie orientale. | haï, hah. |
| Maïpoura. | Amérique mérid. | kié, kouié. |
| Persan. | Asie occidentale. | ghiev, ghev. |
| Iles Pelev. | Océanie. | koyos. |
| Turc. | Asie et Europe. | kŏuyach. |
| Tavghi-Samoyède. | Sibérie septentr. | koou. |
| Kamache. | Sibérie mérid. | kouyo. |

IV. *Racine.* KHT, KT.

| | | |
|---|---|---|
| Ostiake. | Sibérie. | khat. |
| Vogoule. | Sibérie. | khotal. |
| | | kotal, kotol. |
| Kurde. | Asie occidentale. | khataf. |
| Othomi. | Amér. moyenne. | hiadi. |
| Zamouka. | Amérique mérid. | ghiedde. |

V. *Racine.* KM, KN.

| | | |
|---|---|---|
| Turc. | Asie et Europe. | koun, kioun, gun. |

| | | |
|---|---|---|
| Tsingane. | ou Bohémien. | kam, kham. |
| Malabar. | Asie méridionale. | kam. |

VI. *Racine. Une sifflante avec voyelle.*

| | | |
|---|---|---|
| Mokcha. | Sur le Volga. | chi. |
| Mordouine. | Sur le Volga. | tchi. |
| Chinois. | Asie orientale. | ji. |
| Ethiopien. | Afrique orientale. | saï. |
| Affadeh. | Afriq. moyenne. | tsu. |
| Persan. | Asie occidentale. | chid. |

VII. *Racine.* BV, BK, *etc.*

| | | |
|---|---|---|
| Lesghi de Khoundzakh, Tchar et Antsoukh. | Caucase. | baak. |
| Lesghi d'Avar. | Caucase. | bok. |
| Lesghi de Dido. | Caucase. | bouk. |
| Lapon. | | beïvas, peivé. |
| Finnois. | | pæve, païve, peïve. |
| Persan. | Asie occidentale. | buveh (V. *Meninski* onomasticon). |
| Formosa. | Asie orientale. | vaï. |
| Hindoustâni. | Asie méridionale. | b'han. |

VIII. *Racine.* AR, ER, *etc.*

| | | |
|---|---|---|
| Java. | Iles de la Sonde. | arao. |
| Tagala. | Iles Philippines. | arao. |
| Soumenap. | Madoura, Java. | are. |
| Madoura. | Java. | ngareh. |
| Arménien. | Asie méridionale. | ariev, arakagn. |

| | | |
|---|---|---|
| Finnois. | | awringo. |
| Homagoua. | Amérique mérid. | houarossi. |
| Brésil. | Amérique mérid. | arassou. |
| Nouvelle-Zélande. | Océanie. | hera. |
| Waigoo, îles Marquises, îles de la Société. | Océanie. | era. |
| Cingalais. | Ceilan, Asie mér. | ira. |
| Bisaya. | Iles Philippines. | arlao, adlao. |
| Sanskrit. | Asie méridionale. | arka. |

IX. *Racine.* D, T *avec voyelle.*

| | | |
|---|---|---|
| Yaroura. | Amérique mérid. | do. |
| Menadou. | Iles de la Sonde. | ndoh. |
| Souake. | Afrique. | toïn. |
| Siamois. | Inde orientale. | tavan. |
| Mokobi. | Amérique mérid. | daassoa. |
| Kongo. | Afrique mérid. | ntasi. |

X. *Racine.* TL, DL.

| | | |
|---|---|---|
| Samoyède. | Sibérie. | tel, telda. |
| Albanais. | Europe mérid. | diel. |
| Ende. | Iles Moluques. | dala. |
| Bambara. | Afrique occid. | tlé. |
| Ostiake. | Sibérie. | talkou. |
| Darfour. | Afriq. moyenne. | douleh. |
| Toungouse. | Sibérie orientale. | doulætcha, delædzæ. |
| Tchapoghir. | Sibérie orientale. | dilega. |

XI. *Racine.* AN, IN.

| | | |
|---|---|---|
| Araucana. | Amérique mérid. | antou. |

| | | |
|---|---|---|
| Kitchoua. | Pérou, Am. mér. | inti. |
| Aimara. | Amérique mér. | inti. |
| Loulé. | Amérique mér. | ini. |
| Mobba. | Afriq. moyenne. | enyik. |
| Tembora. | Afriq. moyenne. | yngkong. |
| Borgou. | Iles Moluques. | anyk. |

XII. *Racine.* N *avec voyelle.*

| | | |
|---|---|---|
| Birman. | Afrique orient. | né. |
| Ostiake. | Inde orientale. | naï. |
| Hongrois. | Sibérie. | nap. |
| Nouvelle-Guinée. | Océanie. | naas. |
| Mongol. | Asie moyenne. | nara. |
| Foulé. | Afrique occid. | nanghe. |
| Zakkatou. | Afriq. moyenne. | naanga. |

XIII. *Racine.* EL, OL, GL.

| | | |
|---|---|---|
| Sanghir. | Iles Moluques. | eloh. |
| Iles de la Société. | Océanie. | eloua, elaa. |
| Vilèla. | Amérique mérid. | olo. |
| Kamtchatka mérid. | Asie orientale. | galen. |
| Nouvelle-Hollande. | Océanie. | galan. |

XIV. *Racine.* MR, BR.

| | | |
|---|---|---|
| Abaze. | Caucase. | mara. |
| Afghane. | Asie occidentale. | nmar. |
| Sanskrit. | Asie méridionale. | mahira. |
| Persan. | Asie occidentale. | mihr. |
| Akoucha. | Caucase. | beri. |
| Kazi-Koumuk. | Caucase. | barkh. |

### XV. *Racine.* M *avec une sifflante, ou un* T.

| | | |
|---|---|---|
| Touchi. | Caucase. | match. |
| Andi. | Caucase. | mitchi. |
| Souane. | Caucase. | mich. |
| Géorgien. | Asie occidentale. | msé. |
| Nouba. | Afrique orient. | machakka. |
| Berber. | Afrique orient. | machekka. |
| Doungala. | Afriq. moyenne. | masilk. |
| Bétoï. | Amérique mérid. | ou-massoi. |
| Sanskrit. | Asie méridionale. | mitra. |

### XVI. *Racine.* R *avec voyelle.*

| | | |
|---|---|---|
| Copte. | Afrique septentr. | ri. |
| Ende. | Iles Moluques. | resa. |
| Hindoustâni. | Asie méridionale. | reb. |

### XVII. *Racine.* L, *avec voyelle.*

| | | |
|---|---|---|
| Kamtchatka. | Asie orientale. | laatch. |
| Betchouan. | Afrique mérid. | letchaafsi. |
| Savouan. | Iles de la Sonde. | lodo. |
| Tonga. | Océanie. | laæ. |
| Bima. | Iles Moluques. | liroh. |

### XVIII. *Racine.* AF.

| | | |
|---|---|---|
| Persan. | Asie occidentale. | afitâb. |
| Timbouktou. | Afriq. moyenne. | offiti. |

### XIX. *Racine.* SK.

| | | |
|---|---|---|
| Arabe. | Asie. | suka. |
| Moxa. | Amérique mérid. | saktche. |

| | | |
|---|---|---|
| Kora. | Amér. moyenne. | cheoukat. |
| Ethiopien. | Afrique orientale. | sahado. |

# LUNE.

## I. *Racine.* LN.

| | | |
|---|---|---|
| Latin et ses filles. | | luna. |
| Valesan. | | lonna. |
| Portugais. | | lua. |
| Erse. | | louan. |
| Polabien. | | leine. |
| Russe. | | louna. |

## II. *Racine.* LR.

| | | |
|---|---|---|
| Cornouaille. | Angleterre. | lur. |
| Gallois. | Angleterre. | loer. |
| Breton. | France. | lear. |

## III. *Racine.* MA, MN.

| | | |
|---|---|---|
| Persan. | Asie. | mah. |
| Tsingane | ou Bohémien. | ma. |
| Ossète. | Caucase. | maï. |
| Tanna. | Océanie. | magaa. |
| Goth. | | mana. |
| Grec. | | méné, mini. |
| Anglais. | | moon. |
| Allemand. | | mond. |
| Grec moderne. | | minas. |
| Lithuanien. | | menouo. |
| Lettonien. | | manes. |

| | | |
|---|---|---|
| Kurde. | | mank. |
| Hindoustâni. | Asie méridionale. | mina. |

### IV. *Racine.* M *avec* S.

| | | |
|---|---|---|
| Slave. | | mesiæts. |
| Mexicain. | Amér. moyenne. | metsli. |
| Kora. | Amér. moyenne. | matsakar. |
| Lesghi d'Awar. | Caucase. | mots. |
| Lesghi. | Caucase. | moots. |
| Afghan. | Asie occidentale. | mæchti. |
| Tcherkesse. | Caucase. | mazà. |
| Abaze. | Caucase. | mys, mæzæ, mézé (comparez l'italien *mese*). |

### V. *Racine.* BS, BT, BR, etc.

| | | |
|---|---|---|
| Tchikita. | Amérique mérid. | paas. |
| Akoucha. | Caucase. | bâts. |
| Dido. | Caucase. | boutsi. |
| Aimara. | Amérique mérid. | païsi. |
| Kazi-Koumuk. | Caucase. | bars. |
| Andi. | Caucase. | ports, parts. |
| Touchi. | Caucase. | bout. |
| Ingouche. | Caucase. | boutto. |
| Sapibokoni. | Amérique mérid. | bari. |
| Wolof. | Afriq. occident. | véré (V. R. XVIII). |
| Samoyède. | Sibérie. | viru. |
| Tiggrý. | Afrique orientale. | vourrhu. |
| Éthiopien. | Afriq. occident. | varh'a. |
| Toungouse. | Asie orientale. | bia, béga, beg. |

## VI. *Racine.* IS, etc.

| | | |
|---|---|---|
| Guarani. | Amérique mérid. | yatsi. |
| Toupi. | Amérique mérid. | yatsy. |
| Brésil. | Amérique mérid. | yassou. |
| Homagua. | Amérique mérid. | yazé. |
| Mobimah. | Amérique mérid. | yehtcho. |
| Arintse. | Sibérie. | yechoui, yachoui. |

## VII. *Racine.* KH, etc.

| | | |
|---|---|---|
| Moxa. | Amérique mérid. | kohe, kokhe. |
| Finnois. | | kouh, kaou. |
| Araucana. | Amérique mérid. | kouyen (1). |
| Mordouine. | Sur le Volga. | kow. |
| Kamtchatka mérid. | Asie orientale. | koatch. |

## VIII. *Racine.* KP, KB.

| | | |
|---|---|---|
| Vilèla. | Amériq. moyenn. | kopi. |
| Yaroura. | Amérique mérid. | goppé. |
| Mordouine. | Sur le Volga. | kobas. |
| Ostiake de Poumpokolsk. | Sibérie. | khep. |
| Inbatse. | Sibérie. | khip. |
| Kourile. | Asie orientale. | tchoup. |

(1) Une analogie remarquable est celle, qui se trouve entre la signification du terme employé pour *lune* chez les Araucans dans l'Amérique méridionale, et chez les Samoyèdes et Ostiakes de l'Asie septentrionale. En araucan, *kouyen* signifie LUNE, et *kouyé*, VIEUX: les Samoyèdes, de leur côté, appellent la LUNE *ira, iré*, ce qui signifie le VIEUX : et les Ostiakes de Loumpokolsk, *iki*, c'est-à-dire le VIEILLARD.

## IX. *Racine.* KL.

| | | |
|---|---|---|
| Kitchoua. | Amérique mérid. | killa. |
| Irlandais. | | gelach, gealach. |
| Kamtchatka. | Asie orientale. | koulatch. |
| Koriaike. | Asie orientale. | gaïlghen. |
| Bambara. | Afrique occid. | kalo. |
| Hongrois. | | hold. |
| Gallois. | Angleterre. | gol. |

## X. *Racine.* KS.

| | | |
|---|---|---|
| Kitchoua. | Amérique mérid. | kits. |
| Karasse. | Sibérie. | kistit. |
| Taighi. | Sibérie. | kichtin. |
| Motore. | Sibérie. | kichtæ. |
| Kamache. | Sibérie. | kiï. |

## XI. *Racine.* KM, KN.

| | | |
|---|---|---|
| Kotchimi. | Amérique mérid. | gamma. |
| Zend. | Vieux Persan. | kam. |
| Arabe. | Asie. | kæmer. |
| Korana-Hottentot. | Afrique mérid. | t'khaam. |
| Épirote. | Europe mérid. | hana. |
| Albanais. | Europe. | han. |
| Grec en Sicile. | | xena. |

## XII. *Racine.* TCHN, etc.

| | | |
|---|---|---|
| Othomi. | Amér. moyenne. | tsona. |
| Tsingane | ou Bohémien. | tchon. |
| Hindoustâni. | Asie méridionale. | tchand, tchander. |
| Sanskrit. | Asie méridionale. | tchandra. |
| Mahratte. | Asie méridionale. | tsandra. |

### XIII. *Racine.* AÏ, etc.

| | | |
|---|---|---|
| Turc. | Europe et Asie. | aï. |
| Malali. | Amérique mérid. | aïé. |
| Kurde. | Asie occidentale. | aïf, haïf. |
| Tchouvache. | Sur le Volga. | oïkh. |
| Borgou. | Afrique orient. | aïk. |
| Chinois. | Asie orientale. | yué, yueï. |

### XIV. *Racine.* TL, TR.

| | | |
|---|---|---|
| Zyriaine et Permien. | Sibérie. | tylys. |
| Tcheremisse. | Sur le Volga. | tilse. |
| Votiake. | Sur la Volga. | toles. |
| Ostiake. | Sibérie. | tylech, tillas. |
| Coréen. | Asie orientale. | tael. |
| | | taremc. |
| Botokoudi. | Amérique mérid. | tarou. |

### XV. *Racine.* T, CH, *avec voyelle.*

| | | |
|---|---|---|
| Kotte et Assane. | Sibérie. | choui. |
| Ostiake de Poumpokolsk. | Sibérie. | toui. |
| Kourile. | Asie orientale. | tchoup. |

### XVI. *Racine.* OH.

| | | |
|---|---|---|
| Copte. | Afrique septentr. | oh, ooh, ioh. |
| Mobba. | Afriq. moyenne. | ouk. |

### XVII. *Racine.*

| | | |
|---|---|---|
| Hindoustâni. | Asie méridionale. | indou. |
| Vogoule. | Sibérie. | yankob, yankhou. |

## XVIII. *Racine.* IR, etc.

| | | |
|---|---|---|
| Kayoubabi. | Amérique mérid. | irare. |
| Samoyède. | Sibérie. | ira, ire, irre. |
| Basque. | En Biscaya. | irarghi. |
| Hébreu. | | yarekha. |
| Samoyède. | Sibérie. | viry. |
| Wolof. | Afrique occid. | vere. |
| Tiggry. | | vourrhy. |
| Éthiopien. | | varh'a. |
| Tibbou. | Afriq. moyenne. | aouri. |
| Savouan. | Iles de la Sonde. | ouarrou (v. R. V). |

## XIX. *Racine.* IL, OUL, BL.

| | | |
|---|---|---|
| Basque. | En Guipuscoïa. | ill (*mois*), ilargui (*lune*). |
| Hongrois. | | hold. |
| Loulé. | Amériq. mérid. | alit. |
| Java. | Iles de la Sonde. | oulan. |
| Malaï et ses dialectes. | Asie méridionale. | boulan, woulan, oulan. |
| Tagala. | Iles Philippines. | bouan. |

## XX. *Racine.* SR.

| | | |
|---|---|---|
| Syriaque. | Asie occidentale. | sara. |
| Mongol. | Asie moyenne. | sara, saran. |
| Doungola. | Afriq. moyenne. | charouppa. |
| Arabe. | | chehr. |

## XXI. *Racine.* TT, DT.

| | | |
|---|---|---|
| Galla. | Afriq. moyenne. | dady. |

| | | |
|---|---|---|
| Affadeh. | Afriq. moyenne. | tedy. |
| Mingrelien. | Asie occidentale. | touta. |
| Souake. | Afriq. moyenne. | totrig. |

XXII. *Racine.* R *avec voyelle.*

| | | |
|---|---|---|
| Bétoï. | Amérique mérid. | ro. |
| Angola. | Afrique occident. | rieghé. |

# ÉTOILE.

I. *Racine.* SOU, SV.

| | | |
|---|---|---|
| Copte. | Égypte. | siou. |
| Vogoule. | Sibérie. | soou. |
| | | sou. |
| | | sowy. |
| Lesghi d'Awar. | Caucase. | tsoa. |
| Lesghi de Tchar. | Caucase. | tsabi. |
| Lesghi de Dido. | Caucase. | tsa. |
| Othomi. | Amér. moyenne. | tsæ. |

II. *Racine.* ST, SD, SS, etc.

| | | |
|---|---|---|
| Latin. | | stella. |
| Valaque. | | stia. |
| Persan. | Asie occidentale. | sitâreh. |
| | | stareh. |
| Breton. | France. | steréden. |
| Kurde. | Asie occidentale. | setre. |
| Afghan. | Asie occidentale. | stouri. |
| Anglais. | | star. |
| Grec. | | aster. |
| Arménien. | Asie occidentale. | asdeg'. |

| | | |
|---|---|---|
| Ossète. | Caucase. | stale. |
| Tchetchentse. | Caucase. | sïed. |
| Ingouche. | Caucase. | zeta. |
| Mexicain. | Amér. moyenne. | sitlalin. |
| Homagoua. | Amérique mérid. | sese. |
| Chullouk. | Afrique septentr. | chêche. |
| Slave. | | zvezda. |
| Lithuanien. | | zgaïzde. |

### III. *Racine.* SR, SL, TCHL, DJL, IL, etc.

| | | |
|---|---|---|
| Akoucha. | Caucase. | zouri. |
| Gallois. | Angleterre. | seren. |
| Basque. | | izar, zarra. |
| Tsingane | ou Bohémien. | tchergheny. |
| Tamanaka. | Amérique mérid. | tschirîka. |
| Kalmuke. | Asie moyenne. | zoùla. |
| Iakoute. | Sibérie. | soulous. |
| Affadeh. | Afriq. moyenne. | sellaghe. |
| Hongrois. | | tsillag. |
| Kirghiz. | Asie occidentale. | djildjis. |
| Kangatse. | Sibérie. | zyltis. |
| Turc de Ieniseï. | Sibérie. | tchiltis. |
| Betoï. | Amérique mérid. | siliko. |
| Turc. | Europe et Asie. | youldouz, yildiz. |

### IV. *Racine.* TR.

| | | |
|---|---|---|
| Sanskrit. | Asie méridionale. | târa. |
| Hindoustâni. | Asie méridionale. | taraï. |
| Touchi. | Caucase. | terou. |
| Java. | Iles de la Sonde. | derat. |
| Bambara. | Afrique occident. | doly. |

## V. *Racine.* IL, AL.

| | | |
|---|---|---|
| Albanais. | Europe mérid. | uul. |
| Arintse. | Sibérie. | il'koi. |
| Kotte. | Sibérie. | alagàn. |
| Assane. | Sibérie. | alàk. |
| Algonkin. | Amérique sept. | alang. |
| Toungouse de Iakoutsk. | Sibérie. | haoûlen. |
| Araucana. | Amérique mérid. | houaglen. |

## VI. *Racine.* KD, KS, KHS, etc.

| | | |
|---|---|---|
| Permien. | Sibérie. | kod. |
| Zyriaine. | Sibérie. | kodjiov. |
| Mbaya. | Amérique mérid. | kotedi. |
| Zamouka. | Amérique mérid. | hedoï. |
| Votiake. | Sibérie. | kezele. |
| | | kizilî. |
| Samoyède. | Sibérie. | kyssingà. |
| | | kycheka. |
| Taighi. | Sibérie. | kichka. |
| Ostiake. | Sibérie. | kos. |
| | | khos. |

## VII. *Racine.* KB, KW, KK, etc.

| | | |
|---|---|---|
| Maya. | Amér. moyenne. | kob. |
| Hébreu. | | kokab. |
| | | kovkab. |
| Arabe. | Asie. | kevkeb. |
| Inbatse. | Sibérie. | kôogo. |
| Ostiake de Poumpòkolsk. | Sibérie. | kàken. |

| | | |
|---|---|---|
| Tiggry. | Afrique orient. | kòkabth. |
| Arkiko. | Afrique orient. | kœkoub. |
| Bicharyn. | Afrique orient. | haiek. |

### VIII. *Racine.* TT, TS, etc.

| | | |
|---|---|---|
| Finnois. | | tæhti, tækhti. |
| Lappon. | | taste. |
| Mordouine. | Sur le Volga. | techtæ. |
| Makoua. | Afrique. | taudwa. |
| Monjou. | Afrique. | toendewa. |

### IX. *Racine.* R *précédé d'une voyelle.*

| | | |
|---|---|---|
| Danakil. | Afrique orient. | arra. |
| Tchouktchi. | Asie orientale. | èhèr. |
| Darfour. | Afriq. moyenne. | ourré, ouirré. |
| Galla. | Afrique orientale. | ourdje. |
| Maïpoura. | Amérique mérid. | ourroupou. |
| Kayoubaba. | Amérique mérid. | iraguagua. |

### X. *Racine.* KR, GR, etc.

| | | |
|---|---|---|
| Ostiake de Berezov. | Sibérie. | khour. |
| Coréen. | Asie orientale. | kourome. |
| Tibétain. | Asie moyenne. | garma. |
| Aïmara. | Amérique mérid. | guara-guara. |
| Moxa. | Amérique mérid. | khairairiki. |
| Kora. | Amér. moyenne. | khourauet. |

### XI. *Racine.* US, UCH, WS, etc.

| | | |
|---|---|---|
| Mandchou. | Asie orientale. | ousikha. |
| Berber. | Afrique septentr. | ouissega. |
| Toungouse. | Sibérie. | ochikta, otchakat. |
| Lamoute. | Sibérie. | otchikat. |

| | | |
|---|---|---|
| Tchapoighire. | Sibérie. | ochikta. |
| Japonais. | Asie orientale. | fochi, fosi. |
| Kamtchatka moyen. | Sibérie. | ïejenghin. |
| Kamtchatka mérid. | Sibérie. | achanghîn. |
| Sandwich. | Océanie. | ehitou. |
| Tcherkesse. | Caucase. | ïatcha. |
| Kouchhasib Abaze. | Caucase. | ïas. |
| Madagascar. | Mer d'Afrique. | wascia. |
| Toupi. | Amérique mérid. | yassita. |

XII. *Racine.* OD, IT, etc.

| | | |
|---|---|---|
| Mongol. | Asie moyenne. | odo, oddon. |
| Chiho. | Afrique orientale. | ittok. |
| Danakil. | Afrique orientale. | etoukta. |
| Somauli. | Afrique orientale. | heddugo. |

XIII. *Racine.* BT, BS, WS.

| | | |
|---|---|---|
| Wolof. | Afrique occident. | bidow. |
| Tagala. | Iles Philippines. | bitoïn. |
| Abaka. | Iles Philippines. | bitoon. |
| Kongo. | Afrique. | boutete. |
| Iles Mariannes. | Océanie. | pition. |
| Tahiti. | Océanie. | wetoù. |
| Malai. | Asie méridionale. | bintang. |
| Java. | Iles de la Sonde. | ouinteng. |

XIV. *Racine.* BH, WG.

| | | |
|---|---|---|
| Sanskrit. | Asie méridionale. | b'ha. |
| Tcherkesse. | Caucase. | wago. |
| Altekezek Abaze. | Caucase. | wagoua. |

XV. *Racine.* N *suivi d'une voyelle et d'une consonne* (1).

| | | |
|---|---|---|
| Lappon. | | naste. |
| Mokobi. | Amérique mérid. | neteze. |
| Sanskrit. | Asie méridion. | naxatra (2). |
| Mahratte. | Asie méridionale. | nakhetra. |
| Chiroki. | Amérique sept. | nôhkosa. |

# TERRE.

I. *Racine.* T *suivi d'une voyelle.*

| | | |
|---|---|---|
| Chinois. | Asie orientale. | thou, ti. |
| Nouvelle-Calédonie. | Océanie. | do. |
| Albanois. | Europe mérid. | dee. |
| Araucana. | Amérique mérid. | toue. |
| Samoyède. | Sibérie. | tuetch, tutch. |
| Kongo. | Afrique occident. | toto. |

II. *Racine.* TB, TW, TP, etc.

| | | |
|---|---|---|
| Arménien. | Asie occidentale. | tap. |
| Java. | Iles de la Sonde. | tava. |
| Yaroura. | Amérique mérid. | daboù. |
| Turc. | Europe et Asie. | toprak, tobrak. |
| Bicharyn. | Afrique orientale. | tobut. |

(1) Les mots samoyèdes pour étoile, tels que *noumghy*, *nibghe*, etc., ne peuvent servir à la comparaison, parce qu'ils sont des composés de *noum* ou *noub*, ciel.

(2) Les grammairiens de l'Inde prétendent que, dans ce mot, *na* est un préfixe négatif; mais leur étymologie de *naxatra* est si absurde, que nous jugeons à propos de ne pas l'adopter.

## III. *Racine.* TR, DR, TR.

| | | |
|---|---|---|
| Sanskrit. | Asie méridionale. | d'harâ. |
| Latin. | | terra. |
| Breton. | France. | douar. |
| Gallois. | Angleterre. | daïar, tir. |
| Wolof. | Afrique occident. | dhiéry. |
| Cornouaille. | France. | dor. |
| Arabe. | Asie méridionale. | tourâb. |
| Turc de Baraba. | Sibérie. | der (*pour* djer). |
| Toungouse d'Okhotsk | Sibérie. | tor. |
| Toung. de Nertchinsk | Sibérie. | tourou. |
| Lamoute. | Sibérie. | toùor. |
| Abaze. | Caucase. | toula, atoula. |

## IV. *Racine.* BR.

| | | |
|---|---|---|
| Mobba. | Afriq. moyenne. | barr. |
| Arabe. | Asie occidentale. | berr. |
| Iakoute. | Sibérie. | bor. |
| Breton. | France. | bro. |
| Adaïel. | Afriq. moyenne. | baro. |
| Danakil. | Afriq. moyenne. | berra. |
| Chiho. | Afriq. moyenne. | bara. |

## V. *Racine.* BOU, POU.

| | | |
|---|---|---|
| Sanskrit. | Asie méridionale. | b'hoû. |
| Brasilien. | Amérique mérid. | bou. |
| Tsingane | ou Bohémien. | pou, bou, poube. |
| Nouvelle-Hollande. | Océanie. | popo. |
| Persan. | Asie. | boum. |
| Sanskrit. | Asie méridionale. | bhoumî. |
| Malabar. | Asie méridionale. | bhoumi. |

| | | |
|---|---|---|
| Tamoul. | Asie méridionale. | poumi. |
| Malai. | Asie méridionale. | boumî. |

### VI. *Racine.* AL.

| | | |
|---|---|---|
| Abipon. | Amérique mérid. | aaloà. |
| Mokobi. | Amérique mérid. | alobà. |
| Kitchoua. | Pérou, Am. mér. | allpa. |
| Makoua. | Afriq. moyenne. | elapou. |
| Islandais. | | ïalaw. |
| Tagala. | Iles Philippines. | 'loupa. |
| Galla. | Afrique orient. | 'laffa. |

### VII. *Racine.* KT.

| | | |
|---|---|---|
| Kourile. | Asie orientale. | kotan. |
| Iles Pelew. | Océanie. | koutoum. |
| Chiroki. | Amérique sept. | kâtun. |

### VIII. *Racine.* IR, ER, AR, DJR, SR, etc.

| | | |
|---|---|---|
| Ancien Allemand. | | ard. |
| Danakil. | Afriq. moyenne. | arde. |
| Arabe. | Asie méridionale. | ardh. |
| Pehlvi. | Ancien Persan. | arta. |
| Bas-Allemand. | | arde. |
| Goth. | | aïrtha. |
| Anglais. | | earth. |
| Danois. | | iord. |
| Frison. | | ierd, irth, erthe. |
| Allemand. | | erde. |
| Arménien. | Asie méridionale. | ierkir. |
| Kazi Koumuk. | Caucase. | kerki. |
| Turc. | Asie et Europe. | ïer, djer, djir, djer, tcher. |

| | | |
|---|---|---|
| Tchouvache. | Sur le Volga. | ser, sir. |
| Iakoute. | Sibérie. | sir. |
| Darfour. | Afriq. moyenne. | soùrou. |

## IX. *Racine.* KK, KHK, HK.

| | | |
|---|---|---|
| Persan. | Asie occidentale. | khak. |
| Kurde. | Asie occidentale. | khaak. |
| Arménien. | Asie occidentale. | houokh. |
| Copte. | Afrique septentr. | kahi. |
| Delaware. | Amérique sept. | kaki. |
| Sakewi. | Amérique sept. | hâki. |

## X. *Racine.* MT, MD, MS.

| | | |
|---|---|---|
| Sandwich. | Océanie. | motoù. |
| Mokchane. | Sur le Volga. | mòda. |
| Sanskrit. | Asie méridionale. | médini. |
| Moxa. | Amérique mérid. | motehi. |
| Hindoustâni. | Asie méridionale. | maiti, miti. |
| Amhara. | Afrique occident. | mider. |
| Gheez. | Afrique occident. | medre. |
| Tiggry. | Afrique occident. | middré. |
| Somauli. | Afrique occident. | muddah. |
| Arkiko. | Afrique occident. | middur. |
| Sapibokoni. | Amérique mérid. | metchi. |
| Andi. | Caucase. | miza. |
| Géorgien. | Asie occidentale. | mitsa. |
| Kaboutch. | Caucase. | mouza. |
| Monjou. | Afrique occident. | mouzi. |
| Akoucha. | Caucase. | moussa. |
| Hongrois. | | mezœ. |

### XI. *Racine.* MK, MG, MKH.

| | | |
|---|---|---|
| Finnois. | | ma, maa, mya, moua. |
| Zyriaine. | Sibérie. | mou. |
| Permien. | Sibérie. | mou, ma. |
| Vogoul. | Sibérie. | ma, mag, mykh. |
| Sioux. | Amérique sept. | mâka. |
| Coréen. | Asie orientale. | mok. |
| Oto. | Amérique sept. | mâha. |
| Kanara. | Asie méridionale. | mika. |

### XII. *Racine.* R *précédé d'une voyelle.*

| | | |
|---|---|---|
| Sanskrit. | Asie méridionale. | oûr, oûrvi. |
| Chaldéen. | Asie. | arou. |
| Syriaque. | Asie. | aroo. |
| Doungala. | Afriq. moyenne. | arikke. |
| Aïmara. | Amérique mérid. | ourrake. |
| Pawni. | Amériq. septent. | orârô. |

### XIII. *Racine.* TG, DKH, DCH.

| | | |
|---|---|---|
| Ostiak. du Vasïougan | Sibérie. | tagaï. |
| Mingrélien. | Caucase. | dikh. |
| Hurrur. | Afriq. moyenne. | diche. |
| Toungouse. | Sibérie septentr. | toukala. |
| Homagoua. | Amérique mérid. | toukhouka. |

### XIV. *Racine.* N *suivi d'une voyelle.*

| | | |
|---|---|---|
| Mandchou. | Asie orientale. | na. |
| Botokoudi. | Amérique mérid. | naak. |
| Tamanaka. | Amérique mérid. | nono. |
| Zamouka. | Amérique mérid. | noup. |

### XV. *Racine.* SM, ZM, etc.

| | | |
|---|---|---|
| Zend. | Ancien Persan. | zemo. |
| Lithuanien. | | zïame. |
| Lettonien. | | zemme. |
| Persan. | Asie occidentale. | zemîn. |
| Pehlvi. | Ancien Persan. | damik. |
| Slave. | | zemlia. |
| Bohémien. | En Bohême. | zem. |
| Afghan. | Asie méridionale. | smak. |
| Kamtchatka mérid. | Sibérie. | symmit. |
| Agau. | Afriq. moyenne. | ziwwa. |

### XVI. *Racine.* PN, BN, etc.

| | | |
|---|---|---|
| Maïpoura. | Afrique mérid. | peni. |
| Assane. | Sibérie. | peng. |
| Inbatse. | Sibérie. | bang. |
| Ostiake de Poumpokolsk. | Sibérie. | bing. |
| Iles de la Société. | Océanie. | wénoua. |

### XVII. *Racine.* BK, BKH, etc.

| | | |
|---|---|---|
| Lesghi d'Avar. | Caucase. | bak. |
| Inbatse. | Sibérie. | bakh. |
| Kitchoua. | Pérou, Am. mér. | patcha. |

### XVIII. *Racine.* RD, RT, etc.

| | | |
|---|---|---|
| Kiriri. | Amérique mérid. | radà. |
| Lesghi de Khoundzakh, Tchar, Antsoukh. | Caucase. | ratl'. |
| Tcherémisse. | Sur le Volga. | rok. |

### XIX. *Racine.* SA, ZA, DJA, TCH *suivi d'une voyelle.*

| | | |
|---|---|---|
| Tibétain. | Asie moyenne. | sa. |
| Zend. | Ancien Persan. | za, zao. |
| Taighi-Samoyède. | Sibérie | dja. |
| Motore. | Sibérie mérid. | dja. |
| Samoyède. | Sibérie. | ïa. |
| Koïbale. | Sibérie. | djou. |
| Kamache. | Sibérie. | djou. |
| Kora. | Amér. moyenne. | tchouehti. |
| Lesghi de Dido. | Caucase. | tchedo. |
| Tcherkesse. | Caucase. | tchi. |
| Japonais. | Asie orientale. | dji. |
| Votiak. | Sur le Volga. | sioou. |

### XX. *Racine.* SK, etc.

| | | |
|---|---|---|
| Ossète. | Caucase. | zakh. |
| Saliva. | Amérique mérid. | seke. |
| Japonais. | Asie orientale. | tsoutsi. |

### XXI. *Racine.* L *suivi d'une voyelle et consonne.*

| | | |
|---|---|---|
| Basque. | | lur, lurra. |
| Maya. | Amér. moyenne. | lououn. |
| Tchetchentse. | Caucase. | latta. |
| Ingouche. | Caucase. | laite. |
| Pehlvi, | Ancien Persan. | leka. |

### XXII. *Racine.* TN.

| | | |
|---|---|---|
| Madagascar. | Mer d'Afrique. | tan. |
| Malai. | Asie. | tana. |
| Iles Mariannes. | Océanie. | tano. |

| | | |
|---|---|---|
| Abak. | Iles Philippines. | touna. |
| Toungouse. | Sibérie. | dounne, dounda, doundra. |

XXIII. *Racine.* GS, KS.

| | | |
|---|---|---|
| Mongol. | Asie moyenne. | gadzar. |
| Kalmuk. | Asie moyenne. | gazar. |
| Tchikita. | Amérique mérid. | kiïs. |

# MONTAGNE.

I. *Racine.* GR, *et* KR.

| | | |
|---|---|---|
| Hébreu. | | gar. |
| Afghan. | Asie. | gar. |
| Arintse. | Sibérie mérid. | kar. |
| Slave. | | gora. |
| Galla. | Afrique orientale. | gara. |
| Lappon. | | kor. |
| Tcheremisse. | Sur le Volga. | kourouk. |
| Votiak. | Sur le Volga. | gourez. |
| Kamakan. | Amérique mérid. | kere. |
| Vogoule. | Sibérie. | keras. |
| Sanskrit. | Asie méridionale. | ghiri. |
| Turc. | Sibérie. | kirr. |
| Mingrelien. | Caucase. | kirde. |

II. *Racine.* SR, *et* TR.

| | | |
|---|---|---|
| Arménien. | Asie. | sar. |
| Hurrur. | Afrique orientale. | saré. |
| Turc Iakoute. | Sibérie septentr. | syrr. |
| Chaldéen. | Asie occidentale. | tirou. |

| | | |
|---|---|---|
| Syriaque. | Asie. | touro. |
| Assyrien. | Asie occidentale. | toira. |
| Amhara. | Afrique orientale. | tarara. |
| Kourile. | Asie orientale. | othoûr. |

### III. *Racine.* BR.

| | | |
|---|---|---|
| Allemand. | | berg, |
| Gallois. | Angleterre. | bré, brin. |
| Ingouche. | Caucase. | bird. |
| Cornouaille. | France. | bras. |
| Goth. | | baïrg. |
| Anglo-Saxon. | | beorg. |
| Hindoustâni. | Asie méridionale. | pahar. |
| Vieux Allemand. | | pereg. |
| Kamache. | Sibérie. | borr. |
| Somauli. | Afrique orientale. | boro. |
| Lappon. | | ware. |

### IV. *Racine.* R *précédé d'une voyelle.*

| | | |
|---|---|---|
| Vogoul. | Sibérie. | our, yarou. |
| Grec ancien. | | oros. |
| Bicharyn. | Afrique orientale. | orba. |
| Toungouse. | Asie septententr. | ourò, oura, ouré, yré. |

### V. *Racine.* T *suivi d'une ou de plusieurs voyelles.*

| | | |
|---|---|---|
| Tchouvache. | Sur le Volga. | tou. |
| Turc. | Europe et Asie. | tau, taw, tagh, dâgh, dawou. |
| Copte. | Afrique septentr. | toou. |
| Abaze. | Caucase. | dou. |
| Géorgien. | Asie occidentale. | mta. |

### VI. *Racine.* BK.

| | | |
|---|---|---|
| Abaze. | Caucase. | boukh, bouko. |
| Koriaike du Kolyma. | Sibérie. | boukkon. |
| Nouvelle-Zélande. | Océanie. | pouke. |
| Manghindanao. | Iles Philippines. | bouked. |
| Darfour. | Afrique orient. | fougou. |

### VII. *Racine.* MN *et autres.*

| | | |
|---|---|---|
| Latin. | | mons. |
| Breton. | France. | menez. |
| Gallois. | Angleterre. | mened. |
| Valaque. | | mounte. |
| Tavghi-Samoyède. | Sibérie. | mongmonzi. |
| Iles des Amis. | Océanie. | mouonga. |
| Iles de la Société. | Océanie. | maou. |
| Koïbale. | Sibérie. | mouiya. |
| Finnois. | | maki, maghi, matsi |

### VIII. *Racine.* MR, ML.

| | | |
|---|---|---|
| Samoyède. | Sibérie. | mari. |
| Lesghi d'Antsoukh. | Caucase. | meer. |
| Albanais. | | mal. |
| Malabar. | Asie méridionale. | mala. |

### IX. *Racine.* K *suivi de voyelles.*

| | | |
|---|---|---|
| Persan. | Asie. | koh, kouh. |
| Ostiake de Narym. | Sibérie. | ky. |
| Samoyède. | Sibérie. | kœ, kya, kè. |
| Ostiake de Poumpo-kolsk. | Sibérie. | khaï. |
| Inbatse. | Sibérie. | kaï. |
| Turc Iakoute. | Sibérie. | khaïa. |

## X. *Racine.* L *précédé d'une voyelle* (1).

| | | |
|---|---|---|
| Huasteca. | Amér. moyenne. | altê. |
| Latin. | | altus (*haut*). |
| Mongol. | Asie moyenne. | oola, aola. |
| Mandchou. | Asie orientale. | alin. |
| Adaïel. | Afrique orientale. | alli. |
| Danakil. | Afrique orientale. | alla. |
| Kamtchatka. | Asie orientale. | aala, eel. |

## XI. *Racine.* SN, CHN.

| | | |
|---|---|---|
| Chinois. | Asie. | chan. |
| Othomi. | Amér. moyenne. | chantle. |
| Ostiake de Berezov. | Sibérie. | sôngom. |
| Kazi-Koumuk. | Caucase. | zountou. |

## XII. *Racine.* KN, GN.

| | | |
|---|---|---|
| Ostiake de Poumpokolsk. | Sibérie. | konnog. |
| Malai. | Asie méridionale. | gounong. |
| Dougor. | Caucase. | khong. |
| Basque. | | kanta. |

## XIII. *Racine.* R *suivi d'une voyelle.*

| | | |
|---|---|---|
| Tibétain. | Asie moyenne. | ri. |
| Ostiake du Vasïougan. | Sibérie. | ræf. |
| Ostiake de Narym. | Sibérie. | rep. |
| Allemand. | | riff (*rochers dans la mer*). |

(1) Dans les langues sémitiques, *a'l* signifie *haut*, *élevé*.

XIV. *Racine.* TCH *ou* DJ *suivi d'une voyelle.*

| | | |
|---|---|---|
| Zyriaine et Permien. | Sibérie. | tchoï. |
| Valesan. | Suisse. | djou. |
| Kotte. | Sibérie. | djy. |

XV. *Racine.* K *suivi d'une voyelle et consonne aspirée.*

| | | |
|---|---|---|
| Ossète. | Caucase. | khokh. |
| Souane. | Caucase. | koudj. |
| Tcherkesse. | Caucase. | kouch'ha. |
| Toungouse de Nertchinsk. | Sibérie. | gôkda. |
| Pehlvi. | Ancien Persan. | kâf. |

# PIERRE.

I. *Racine.* P *avec voyelle ou* g; PT, BT, VT, etc.

| | | |
|---|---|---|
| Samoyède-Youratse. | Sibérie. | paï. |
| Samoyède d'Obdorsk. | Sibérie. | paï. |
| Hindoustâni. | Asie méridionale. | pahan. |
| Samoyède de Timsk. | Sibérie. | po. |
| Samoyède de Narym. | Sibérie. | pe. |
| Koïbale. | Sibérie méridion. | pi. |
| Samoyède de Touroukhansk. | Sibérie septentr. | pi. |
| Kamache. | Sibérie méridion. | fi. |
| Samoyède du Taz. | Sibérie septentr. | piou. |
| Samoyède de Poustozersk. | Russie septentr. | poé. |
| Samoyède de Mangazeïa. | Sibérie septentr. | poui. |
| Malai. | Asie méridionale. | bat. |

| | | |
|---|---|---|
| Tagala. | Iles Philippines. | bato. |
| Maghindanao. | Iles Philippines. | vattou. |
| Madagascar. | Afrique orientale. | batto, vato. |
| Java. | Iles de la Sonde. | batta. |
| Hindoustâni. | Asie méridionale. | pat'har. |
| Bengale. | Asie méridionale. | pather. |
| Grec. | | petra. |
| Latin. | | petra. |
| Mandchou. | Asie orientale. | vekhe. |
| Kamtchatka du Tigil. | Asie orientale. | ouatch, vatch. |
| Kamtchatka mérid. | Asie orientale. | ouvatchi. |
| Hindoustâni. | Asie méridionale. | badjer. |
| Vilèla. | Amérique mérid. | vagossi. |
| Darfour. | Afriq. moyenne. | pougga. |

II. *Racine.* L *avec voyelle et* b, p, s.

| | | |
|---|---|---|
| Grec. | | laas, las. |
| Latin. | | lapis. |
| Géorgien vulgaire. | Asie occidentale. | lavasou. |
| Grec. | | lithos. |
| Géorgien. | Asie occidentale. | lodi. |

III. *Racine.* K *avec voyelle, et* v, kh, k, etc.

| | | |
|---|---|---|
| Affadeh. | Afriq. moyenne. | kaou. |
| Mordouine. | Sur le Volga. | kaiv. |
| Tcheremisse. | Sur le Volga. | ku, kioui. |
| Finnois. | | kiwi, tchiwi. |
| Vogoul. | Sibérie. | kove. |
| Hongrois. | | ké, ko. |
| Hollandais. | | key. |

| | | |
|---|---|---|
| Illyrien. | Europe mérid. | kouk. |
| Abaze. | Caucase. | hak, haouk. |
| Ostiake. | Sibérie. | keou. |
| Ostiake du Yougan. | Sibérie. | kokh. |
| Ostiak. du Vasyougan. | Sibérie. | kookh. |
| Iles Mariannes. | Océanie. | gagout. |
| Syriaque. | Asie occident. | kefo. |
| Assyrien. | Asie occident. | kipa. |
| Maïpoura. | Amérique mérid. | kipa. |
| Géorgien. | Asie occidentale. | koua, kva. |
| Éthiopien. | Afrique orientale. | kvakourh. |

## IV. *Racine.* KR.

| | | |
|---|---|---|
| Kiriri. | Amérique mérid. | kro. |
| Grison. | | qrap. |
| Sanskrit. | Asie méridionale. | gravan. |
| Arménien. | Asie occidentale. | kar, kvar. |
| Albanais. | Europe mérid. | gûr. |
| Araucana. | Amérique mérid. | koura. |
| Ingouche et Touchi. | Caucase. | kera. |
| Malai. | Asie méridionale. | karan. |
| Gallois. | Angleterre. | carreg. |

## V. *Racine.* KM, KN.

| | | |
|---|---|---|
| Kachoube. | Pologne. | kam. |
| Dalmatien. | | kam. |
| Slave. | | kamen. |
| Afghane. | Asie occidentale. | kani. |

## VI. *Racine.* KL, TCH, SL.

| | | |
|---|---|---|
| Youkaghire. | Sibérie orientale. | kaill. |
| Aïmara. | Amérique mérid. | kala. |
| Islandais. | | hella. |
| Lappon. | | kallé. |
| Malabar. | Asie méridionale. | kallé. |
| Tamoule. | Asie méridionale. | kalla. |
| Kamtchatka. | Asie orientale. | kouall. |
| Kamtchatka mérid. | Asie orientale. | koual. |
| Russe. | | skala. |
| Mongol. | Asie moyenne. | tcholo. |
| Sanskrit. | Asie méridionale. | shila. |
| Hébreu. | | séla. |
| Latin. | | silex. |
| Hindoustâni. | Asie méridionale. | sil. |

## VII. *Racine.* TB.

| | | |
|---|---|---|
| Tamanaka. | Amérique mérid. | tépou. |
| Caraïbe. | Amérique mérid. | tébou |
| Korana-Hottentot. | Afrique mérid. | t'eoub. |
| Antsoukh. | Caucase. | teb. |
| Pehlvi. | Ancien Persan. | dipa. |

## VIII. *Racine.* SN *et* STN.

| | | |
|---|---|---|
| Persan. | Asie occidentale. | senk. |
| Malabar. | Asie méridionale. | sanka. |
| Goth. | | steina. |
| Allemand. | | stein. |
| Anglais. | | stone. |
| Bas-Allemand. | | steen. |

## IX. *Racine.* BR, MR.

| | | |
|---|---|---|
| Kurde. | Asie occidentale. | ber. |
| Tsingane. | ou Bohémien. | bar, bare. |
| Moxa. | Amérique mérid. | mari. |

## X. *Racine.* N *précédé d'une voyelle.*

| | | |
|---|---|---|
| Copte. | Egypte. | oni. |
| Hébreu. | | ewn, ebn. |

## XI. *Racine.* KT.

| | | |
|---|---|---|
| Mbaya. | Amérique mérid. | ghétiga. |
| Berber. | Afriq. moyenne. | kitta. |
| Ostiake de Poumpokolsk. | Sibérie. | kit. |

## XII. *Racine.* S *avec voyelle précédente ou suivante, ou aspiration initiale.*

| | | |
|---|---|---|
| Zyriaine et Permien. | Sibérie. | is. |
| Votiake. | Sibérie. | is. |
| Japonais. | Asie orientale. | issi. |
| Khoundzakh. | Caucase. | itso. |
| Berber. | Afrique orient. | isrou. |
| Tchar. | Caucase. | khetso. |
| Lesghi d'Avar. | Caucase. | hetso. |
| Algonkin. | Amérique sept. | assin. |
| Tchikita. | Amérique mérid. | kaâs. |
| Arintse. | Sibérie. | khes. |
| Toungouse sur le Ieniseï. | Sibérie. | khech. |

### XIII. *Racine.* T *avec voyelle, et consonnes.*

| | | |
|---|---|---|
| Mexicain. | Amér. moyenne. | té-*tl*. |
| Ostiake. | Sibérie. | to. |
| Othomi. | Amér. moyenne. | d'o. |
| Tonkin. | Indes orientales. | da. |
| Motore. | Sibérie. | daghe. |
| Bosjesman Hottentot. | Afrique mérid. | t'aau. |
| Ossète. | Caucase. | dour, dor. |
| Angola et Kongo. | Afrique. | tari. |
| Tibetain. | Asie moyenne. | rdo. |
| Wolof. | Afriq. occident. | dotié. |
| Darfour. | Afriq. moyenne. | doutéh. |
| Tchetchentse. | Caucase. | toulak. |
| Samoyède. | Sibérie. | tanga. |
| Éthiopien. | Afriq. occident. | denghia. |
| Yaroura. | Amérique mérid. | tande. |

### XIV. *Racine.* CH *avec voyelle.*

| | | |
|---|---|---|
| Chinois. | Asie orientale. | chi, ohite. |
| Assane. | Asie orientale. | chite. |
| Kotte. | Sibérie. | chich. |

### XV. *Racine.* SS *et* TS.

| | | |
|---|---|---|
| Latin. | | sax-um. |
| Bolognois. | Italien. | sas. |
| Turc. | Asie et Europe. | tach, tas. |

### XVI. *Racine.* AK.

| | | |
|---|---|---|
| Mokobi. | Amérique mérid. | aka. |
| Vogoul. | Sibérie. | akhtos. |
| Sanskrit. | Asie méridionale. | ajemane. |

| | | |
|---|---|---|
| Lettonien. | | akmens. |
| Lithuanien. | | akmno. |

# TÊTE.

## I. *Racine.* KL, GL, HL.

| | | |
|---|---|---|
| Bournou. | Afriq. moyenne. | kla, kela. |
| Latin. | | calva. |
| Slave. | | golova. |
| Polonais. | | glova. |
| Servien. | | glava. |
| Bohéme. | | hlava. |
| Lithuanien. | | goulva. |
| Arménien. | Asie occidentale. | kloukh. |
| Caffre. | Afrique mérid. | klogo. |
| Ostiake de Poumpokolsk. | Sibérie. | kolka. |
| Ostiake. | Sibérie. | kolkia, kolka. |
| Arintse. | Sibérie. | kolka. |
| Koriaike. | Asie orientale. | koltch. |
| Kourile. | Asie orientale. | killa. |
| Irlandais. | | coll. |
| Samoyède. | Sibérie. | hollad. |
| Persan et Turc. | Asie. | kelleh. |
| Mbaya. | Amérique mérid. | kilo. |

## II. *Racine.* KN *ou* KNG.

| | | |
|---|---|---|
| Mandingo. | Afrique occident. | koun. |
| Bambara. | Afrique occid. | koung. |
| Mianmave. | Indes orientales. | kaoung. |
| Birman. | Afrique orient. | gooung. |
| Dido, | Caucase. | t'kin. |

### III. *Racine.* KB, KP, HB, etc.

| | | |
|---|---|---|
| Iles du Sud. | Océanie. | kabou. |
| Latin. | | caput. |
| Grec. | | kephale. |
| Bas-Allemand. | | kopp. |
| Allemand. | | kopf. |
| Arabe. | Asie. | kœbb. |
| Valaque. | | kap. |
| Sanskrit. | Asie méridionale. | kapâla. |
| Kamtchadale. | Asie orientale. | kobbel, khavel. |
| Japonais. | Asie orientale. | kobe. |
| Moï-tay. | Inde orientale. | kopkok. |
| Allemand. | | haupt. |
| Goth. | | haubit. |
| Danois. | | hoved. |
| Suédois. | | hofvud. |

### IV. *Racine.* AK, AG, OG, etc.

| | | |
|---|---|---|
| Berber. | Afrique septentr. | akaï. |
| Guarani. | Amérique mérid. | akang, akanga. |
| Homagoua. | Amérique mérid. | yakaé. |
| Abaze. | Caucase. | yeka. |
| Ostiake. | Sibérie. | og, oukh, ougon, ougol, |
| Copte. | Afrique septentr. | ngog. |
| Tombouktou. | Afriq. moyenne. | agodi. |
| Mokobi. | Amérique mérid. | ikaïk. |
| Berber. | Afriq. moyenne. | ikhf. |

### V. *Racine.* P *ou* F *avec une voyelle suivate.*

| | | |
|---|---|---|
| Kourile. | Asie orientale. | pa. |

| | | |
|---|---|---|
| Konsa. | Amériq. septent. | pâh. |
| Sioux. | Amériq. septent. | pâh. |
| Finnois. | | pæ, péa. |
| Hongrois. | | fœ. |
| Turc. | Asie et Europe. | bach, bas. |

VI. *Racine.* BN.

| | | |
|---|---|---|
| Gallois. | Angleterre. | pen. |
| Breton. | France. | penn. |
| Cornouaille. | France. | pend. |
| Vogoule. | Sibérie. | pank. |
| Tombouktou. | Afriq. moyenne. | bongo. |

VII. *Racine.* DJ *avec une voyelle précédente.*

| | | |
|---|---|---|
| Mandchou. | Asie orientale. | oudjou. |
| Sapibokoni. | Amérique mérid. | edjoukha. |

VIII. *Racine.* KO, GO, etc.

| | | |
|---|---|---|
| Tibétain. | Asie moyenne. | go. |
| Ethiopien. | Afriqueorientale. | gœ. |
| Birman. | Inde orientale. | gaou. |
| Play. | Inde orientale. | kohoui. |
| Siamois. | Inde orientale. | ho, hoo. |
| Kaboutch. | Caucase. | kem. |

IX. *Racine.* KR.

| | | |
|---|---|---|
| Java. | Iles de la Sonde. | koar. |
| Epirote. | Europe mérid. | krüe. |
| Persan. | Asie occidentale. | gurouhé (*Meninski.*) |
| Tchetchentse. | Caucase. | korte. |
| Tanna. | Océanie. | karaa. |

| | | |
|---|---|---|
| Tembora. | Afriq. moyenne. | kokoré. |
| Grec. | | kar. |
| Sakkatou. | Afriq. moyenne. | hora. |

X. *Racine.* RS.

| | | |
|---|---|---|
| Hébreu. | | roch, rochah. |
| Arabe. | | ras. |
| Ethiopien. | Afrique orientale. | ras. |
| Syriaque. | Asie occidentale. | recho. |
| Assyrien. | Asie occidentale. | riche, richo. |
| Bétoï. | Amérique mérid. | rossaka. |

XI. *Racine.* P *avec une voyelle précédente et suivante.*

| | | |
|---|---|---|
| Guarani. | Amérique mérid. | api. |
| Copte. | Égypte. | ape, afe. |
| Iles Sandwich. | Océanie. | ipo. |
| Iles des Amis. | Océanie. | oupo. |
| Nouvelle-Zeelande. | Océanie. | oupo. |
| Waïgoo. | Océanie. | epo. |
| Wolof. | Afrique occid. | bope. |
| Caraïbe. | Amérique mérid. | boupou. |
| Galibi. | Amérique mérid. | poupou. |
| Iles-du-Sud. | Océanie. | pòpo. |
| Yayo. | Amérique mérid. | boppe. |

XII. *Racine.* L *avec une voyelle précédente et suivante.*

| | | |
|---|---|---|
| Samoyède. | Sibérie. | ol, ollo. |
| Kamache. | Sibérie. | oulou. |
| Java. | Iles de la Sonde. | houlou. |
| Tagala. | Iles Philippines. | olo. |
| Maghindanao. | Iles Philippines. | oulo. |
| Tonga. | Océanie. | oulou. |

| | | |
|---|---|---|
| Delaware. | Amériq. septent. | vil. |
| Hondouras. | Amériq. septent. | holan. |
| Samoyède. | Sibérie. | hollad. |

XIII. *Racine.* T *avec voyelle et consonne suivante.*

| | | |
|---|---|---|
| Tonquin. | Asie orientale. | tou, daou. |
| Inbatse. | Sibérie. | tu. |
| Balabandi. | Asie méridionale. | doï. |
| Chinois. | Asie orientale. | teou. |
| Géorgien. | Asie occidentale. | tavi. |
| Tibbou. | Afriq. moyenne. | dafo. |
| Darfour. | Afriq. moyenne. | tabou. |
| Vilèla. | Amériq. moyenn. | dafo. |
| Bima. | Iles Moluques. | touta. |
| Vogoul. | Sibérie. | tous. |

XIV. *Racine.* BK et BT.

| | | |
|---|---|---|
| Lesghi. | Caucase. | bek. |
| Kara-Kaitak. | Caucase. | baag. |
| Aïmara. | Amérique mér. | pekke. |
| Yaroura. | Amérique mérid. | pakdjou. |
| Mobimi. | Amérique mérid. | bakouakoua. |
| Tchar. | Caucase. | béker. |
| Akoucha. | Caucase. | béter. |
| Khoundzakh. | Caucase. | béter. |
| Iles Pelew. | Océanie. | bothelouth. |

XV. *Racine.* MT.

| | | |
|---|---|---|
| Angola. | Afrique occident. | moutoue, mitoue. |
| Mahratte. | Asie méridionale. | mata. |
| Kanara. | Asie méridionale. | matte. |

| | | |
|---|---|---|
| Sanskrit. | Asie méridionale. | maste. |
| Khoundzakh. | Caucase. | méthéri. |

## XVI. *Racine.* TL, DL.

| | | |
|---|---|---|
| Toungouse. | Sibérie orientale. | del, dyl, daly. |
| Kanara. | Asie méridionale. | talli. |
| Malabar. | Asie méridionale. | tala. |
| Mongol. | Asie moyenne. | tolgo, tologoi. |
| Varoughe. | Asie méridionale. | toula. |

## XVII. *Racine.* OA, BA, VA.

| | | |
|---|---|---|
| Lappon. | | oaïwe, oïké. |
| Tcheremisse. | Sur le Volga. | voui, boui. |
| Servien. | | vova. |
| Samoyède. | Sibérie. | aïva, iéva. |
| Pehlvi. | Ancien Persan. | vag. |
| Nouvelle-Hollande. | Océanie. | vaghighi. |
| Formosa. | | vaoungo. |

## XVIII. *Racine.* SR.

| | | |
|---|---|---|
| Persan. | Asie occidentale. | ser. |
| Kurde. | Asie occidentale. | ser. |
| Ossète. | Caucase. | ser. |
| Sanskrit. | Asie méridionale. | shira. |
| Kanara. | Asie méridionale. | sira. |
| Mahratte. | Asie méridionale. | chir. |
| Tsingane | ou Bohémien. | chéro, tchéro, khérou. |
| Zend. | Vieux Persan. | siraha. |

## XIX. *Racine.* MOU, MO, etc.

| | | |
|---|---|---|
| Kora. | Amér. moyenne. | mououti. |

| | | |
|---|---|---|
| Hindoustâni. | Asie méridionale. | mound, moundi. |
| Kanara. | Asie méridionale. | mounddi. |
| Sanskrit. | Asie méridionale. | moûrdha. |
| Andi. | Caucase. | mier. |
| Youkaghire. | Sibérie orientale. | monoli. |

XX. *Racine.* IR, ER.

| | | |
|---|---|---|
| Mandara. | Afriq. moyenne. | éreï. |
| Votiake. | Sur le Volga. | ier, iïr. |
| Zyriaine. | Sibérie. | iour. |
| Nouba. | Afrique orient. | ourka. |

XXI. *Racine.* L *avec une voyelle suivante.*

| | | |
|---|---|---|
| Macassar. | Afrique orientale. | loua, loha. |
| Koriaike. | Sibérie septentr. | leout. |
| Tchouktche. | Sibérie orientale. | laout, lœwout. |
| Araucana. | Amérique mérid. | lonko. |

XXII. *Racine.* AD.

| | | |
|---|---|---|
| Japonois. | Asie orientale. | adama. |
| Lesghi d'Avar. | Caucase. | ada. |

XXIII. *Racine.* PR.

| | | |
|---|---|---|
| Mokcha. | Sur le Volga. | præ. |
| Mordouine. | Sur le Volga. | prœ. |
| Tamanaka. | Amérique mérid. | proutpe. |

XXIV. *Racine.* NA, NGA, *indéterminée.*

| | | |
|---|---|---|
| Motore. | Sibérie. | nhamba. |
| Samoyède-Tavghi. | Sibérie. | ngaïboua. |
| Samoyède. | Sibérie. | ngaïvau. |
| Moxos. | Amérique mérid. | noutchouti. |
| Maipoura. | Amérique mérid. | noukiboukou. |

### XXV. *Racine.* S, DJ, *avec une voyelle suivante.*

| | | |
|---|---|---|
| Copte. | Afrique septentr. | djo, djodj. |
| Winnebago. | Amérique sept. | so. |
| Kamtchatka mérid. | Afrique orient. | tchicha. |
| Hindoustâni. | Asie méridionale. | sis. |

### XXVI. *Racine.* PL, BL.

| | | |
|---|---|---|
| Maya. | Amér. moyenne. | pol. |
| Bas-Allemand. | | poll. |
| Anglais. | | poll. |
| Phrygien. | | bal, bala. |

## CHEVEU.

### I. *Racine.* WL, BL, PL, etc.

| | | |
|---|---|---|
| Allemand. | | wolle. |
| Slave. | | volos, vlas. |
| Kachoube. | | vlousse. |
| Cornouaille. | France. | bleou. |
| Basque. | France. | ouli, ili. |
| Latin. | | pilus. |
| Hindoustâni. | Asie méridionale. | bâl. |
| Malabar. | Asie méridionale. | bâl. |
| Malai. | Asie méridionale. | boulo. |
| Tsingane | ou Bohémien. | balà. |
| Breton. | France. | blévcn. |
| Ostiake du Yougan. | Sibérie. | barras. |
| Valaque. | | pyr. |
| Lettonien. | | plaukai. |
| Kanara. | Asie méridionale. | wala. |
| Erse. | | fuilt. |

## II. *Racine.* HR, KR, etc.

| | | |
|---|---|---|
| Allemand. | | haar. |
| Anglais. | | hair. |
| Nouvelle-Zélande. | Océanie. | hourou. |
| Estonien. | | karw. |
| Latin. | | crinis. |
| Français. | | crin. |

## III. *Racine.* SR, CHR, etc.

| | | |
|---|---|---|
| Chaldéen. | Asie occidentale. | sarou. |
| Syriaque. | Asie occidentale. | saro. |
| Hébreu. | Asie occidentale. | cha'r. |
| Arabe. | Asie occidentale. | cha'ar. |
| Kazi-Koumuk. | Caucase. | tchara. |
| Andi. | Caucase. | sirghi. |
| Kamtchatka moyen. | Sibérie. | tchéron. |
| Mordouine. | Sur le Volga. | tcher. |
| Mokcha. | Sur le Volga. | cheier. |
| Tiggry. | Afrique orientale. | sâgourih. |

## IV. *Racine.* SS, TCH *avec une sifflante*, etc.

| | | |
|---|---|---|
| Turc. | Europe et Asie. | satch. |
| Turc du Ieniseï. | Sibérie. | choch. |
| Kirghiz. | Sibérie. | tchatch. |
| Tcherkesse. | Caucase. | chhats. |
| Tchouvache. | Sur le Volga. | sus. |
| Kangatse. | Sibérie. | tchach. |
| Maya. | Amér. moyenne. | tsots. |
| Kitchoua. | Amérique mérid. | tchouktcha. |

### V. *Racine*. LS, etc.

| | | |
|---|---|---|
| Vende. | | lossi. |
| Albanais. | Europe mérid. | lech. |
| Algonkin. | Amérique sept. | lissis. |
| Andi. | Caucase. | t'lots. |

### VI. *Racine*. B *précédé d'une voyelle.*

| | | |
|---|---|---|
| Brésil. | Amérique mérid. | aba. |
| Mokobi. | Amérique mérid. | yebè. |
| Tcheremisse. | Sur le Volga. | ib, oup, yop. |
| Samoyède du Tas. | Sibérie. | obt. |
| Koïbale et Motore. | Sibérie mérid. | abdé. |
| Kamache. | Sibérie mérid. | apti. |
| Motore. | Sibérie. | ipde. |
| Ostiake de l'Ob. | Sibérie. | oupat, ôbid, opta, auot. |

### VII. *Racine*. T *précédé d'une voyelle.*

| | | |
|---|---|---|
| Samoyède. | Sibérie. | ytto, yto. |
| Vogoule. | Sibérie. | ata, ètta, et. |
| Kourile. | Asie orientale. | otop. |

### VIII. *Racine*. M *suivi d'une voyelle et consonne.*

| | | |
|---|---|---|
| Persan. | Asie occidentale. | moui. |
| Hindoustâni. | Asie méridionale. | mou. |
| Kurde. | Asie occidentale. | mou. |
| Arménien. | Asie méridionale. | maz. |
| Lettonien. | | matti. |
| Mbaya. | Amérique mérid. | modi. |
| Grec moderne. | | malïa |

IX. *Racine.* KS, KD, etc.

| | | |
|---|---|---|
| Hindoustâni. | Asie méridionale. | kîs. |
| Illyrien. | Europe mérid. | kosse. |
| Servien. | | kossa. |
| Ingouche. | Caucase. | koudj. |
| Kaboutch. | Caucase. | kod. |
| Dido. | Caucase. | kodi. |

X. *Racine.* S, TCH, etc., *précédés d'une voyelle.*

| | | |
|---|---|---|
| Iakoute. | Sibérie. | as. |
| Akoucha. | Caucase. | atchmé. |
| Servien. | | ouosse. |
| Caraïbe. | Amérique mérid. | oueche. |
| Mongol. | Asie moyenne. | issy. |
| Kalmuke. | Asie moyenne. | oussen. |

XI. *Racine.* K, KH *précédé d'une voyelle.*

| | | |
|---|---|---|
| Afghan. | Asie occidentale. | ikhté. |
| Péruvien. | Amérique mérid. | aktcha. |
| Othomi. | Amér. moyenne. | ikhtto. |
| Finnois. | | hioukhi, hiouksel. |

XII. *Racine.* KB, KP, etc.

| | | |
|---|---|---|
| Latin. | | capillus. |
| Portugais. | | cabello. |
| Kamtchatka-Tighil. | Sibérie. | kouiba. |
| Kamtchatka mérid. | Sibérie. | koubiin. |
| Loulé. | Amériq. mérid. | kaplhé. |
| Kora. | Amér. moyenne. | kepoati. |
| Wolof. | Afrique occident. | kawari. |
| Pampanghi. | Iles Philippines. | kawad. |

### XIII. *Racine.* TN.

| | | |
|---|---|---|
| Tchikita. | Amérique mérid. | taanis. |
| Inbatse. | Sibérie. | tènghe. |

### XIV. *Racine.* TP, TF, etc.

| | | |
|---|---|---|
| Araucana. | Amérique mérid. | thopel. |
| Mobba. | Afriq. moyenne. | tiffih. |
| Lesghi d'Autsoukh. | Caucase. | zab. |

### XV. *Racine.* F *suivi d'une voyelle.*

| | | |
|---|---|---|
| Chinois. | Asie orientale. | fa. |
| Copte. | Égypte. | foï. |
| Anglo-saxon. | | fahs. |
| Frisien. | | fase, fax. |

### XVI. *Racine.* TCHL, KL, etc.

| | | |
|---|---|---|
| Bengali. | Asie méridionale. | tchoul. |
| Turc. | Europe et Asie. | kyl. |
| Lesghi d'Avar. | Caucase. | halail. |
| Gallois. | Angleterre. | goalt. |

### XVII. *Racine.* TM.

| | | |
|---|---|---|
| Géorgien. | Caucase. | tma. |
| Mingrelien. | Asie occidentale. | toma. |
| Souake. | Afriq. moyenne. | ta'hamou. |

### XVIII. *Racine.* R *suivi d'une voyelle.*

| | | |
|---|---|---|
| Lesghi de Tchar. | Caucase. | ras. |
| Islandais. | Amérique sept. | rouou. |
| Savouan. | Iles de la Sonde. | ro, rau. |
| Malai. | Asie méridionale. | rambout. |

| | | |
|---|---|---|
| Tahiti. | Océanie. | rouru. |
| Bétoï. | Amérique mérid. | roubouka. |

XIX. *Racine.* BK.

| | | |
|---|---|---|
| Pampanghi. | Iles Philippines. | bouak. |
| Tagala. | Iles Philippines. | bohok. |
| Kanara. | Asie méridionale. | bokari. |
| Touchi. | Caucase. | bedj. |

# OEIL.

I. *Racine.* AK, OK.

| | | |
|---|---|---|
| Caraïbe. | Amérique mérid. | akou. |
| Slave. | | oko. |
| Latin. | | oculus. |
| Italien. | | occhio. |
| Valaque. | | akio. |
| Arménien. | Asie occidentale. | akn. |
| Sanskrit. | Asie méridionale. | akchi. |
| Chiroki. | Amériq. septent. | akatou. |
| Goth. | | augo. |
| Allemand. | | auge. |
| Anglo-saxon. | | eag. |
| Vende. | | woko. |
| Bas-Allemand. | | ooge. |
| Frison. | | oug. |
| Lithuanien. | | akies. |
| Lettonien. | | atssis. |
| Arménien. | Asie. | atch. |
| Souake. | Afriq. moyenne. | egoat. |
| Hindoustâni. | Asie méridionale. | ank'h. |

## II. *Racine.* MT *et* MS.

| | | |
|---|---|---|
| Malai. | Asie méridionale. | matta. |
| Iles de l'Océanie. | | matta. |
| Madagascar. | Mer d'Afrique. | masso. |
| Doungala. | Afriq. moyenne. | missig. |
| Wolof. | Afrique occident. | bœtte. |

## III. *Racine.* AIN.

| | | |
|---|---|---|
| Hébreu. | | a'aïn. |
| Arabe. | Asie méridionale. | a'aïn. |
| Éthiopien. | Afrique orientale. | hin. |
| Andi. | Caucase. | houné. |
| Chinois. | Asie orientale. | iane. |
| Moxa. | Amérique mérid. | aaïno. |
| Caraïbe. | Amérique mérid. | ænoulou. |
| Tombouktou. | Afriq. moyenne. | aïnte, aït. |

## IV. *Racine.* LA, LE.

| | | |
|---|---|---|
| Abaze. | Caucase. | la. |
| Koriaike. | Asie orientale. | lellé, lalat. |
| Kamtchatka. | Asie orientale. | lella. |

## V. *Racine.* LG.

| | | | |
|---|---|---|---|
| Breton. | France. | lagad. | |
| Gallois. | Angleterre. | ligæd. | |
| Cornouaille. | France. | lagad. | |
| Allemand. | | lug-en. | (*Voir.*) |
| Anglais. | | look. | (*Voir.*) |
| Ostiake. | Sibérie. | laigili. | (*Voir.*) |

## VI. *Racine.* SM, SN.

| | | |
|---|---|---|
| Bornou. | Afriq. moyenne. | chim. |

| | | |
|---|---|---|
| Hongrois. | | szem. |
| Vogoule. | Sibérie. | cham, chem. |
| Ostiake. | Sibérie. | sem. |
| Zyriaine et Permien. | Sibérie. | sin. |
| Votiak. | Sur le Volga. | sin. |
| Affadeh. | Afriq. moyenne. | sænko. |
| Samoyède. | Sibérie. | seme, saï, saïva. |
| Tibbo. | Afrique orientale. | soaa, saïe. |
| Koïbale. | Sibérie. | sima. |
| Hindoustâni. | Asie méridionale. | tchek'h, tchekh. |
| Sanskrit. | Asie méridionale. | tchaksou. |
| Kourile. | Asie orientale. | chik. |

VII. *Racine.* ND, NT, NR.

| | | |
|---|---|---|
| Mongol. | Asie moyenne. | nudou. |
| Sanskrit. | Asie méridionale. | netra. |
| Hindoustâni. | Asie méridionale. | netr. |
| Aïmara. | Amérique mérid. | naïra. |
| Zend. | Ancien Persan. | doétré (1). |

VIII. *Racine.* SLM, *analogue à la Racine* VI.

| | | |
|---|---|---|
| Finnois. | | silme. |
| Lappon. | | tiælme, tsïalbme. |
| Mordouine. | Sur le Volga. | sialme. |
| Mokcha. | Sur le Volga. | selma. |

IX. *Racine.* BR.

| | | |
|---|---|---|
| Lesghi d'Avar. | Caucase. | ber, béer. |
| Ingouche. | Caucase. | berg. |

(1) Remarquez ici le changement de l'*n* et du *ḍ* cérébraux; changement qui est très-fréquent dans les langues de l'Asie méridionale.

| | | |
|---|---|---|
| Tchetchentse. | Caucase. | barik. |
| Touchi. | Caucase. | berka, barka. |
| Arabe. | Asie méridionale. | berkâ. |
| Copte. | Afrique septentr. | bal. |

X. *Racine.* SO, SU.

| | | |
|---|---|---|
| Tibbou. | Afriq. moyenne. | sôa. |
| Épirote et Albanais. | | suu. |
| Kongo. | Afrique occident. | sou. |
| Loulé. | Amérique mérid. | sou. |
| Tchikita. | Amérique mérid. | soutos. |
| Grec en Sicile. | | sou. |

XI. *Racine.* D, T *suivi d'une voyelle.*

| | | |
|---|---|---|
| Othomi. | Amér. moyenne. | da. |
| Souane. | Caucase. | tæ. |
| Syouah. | Afrique orientale. | taun. |

XII. *Racine.* TS.

| | | |
|---|---|---|
| Guarani. | Amérique mérid. | tesa. |
| Assane. | Sibérie. | tech. |
| Inbatse. | Sibérie. | dées. |
| Poumpokolsk. | Sibérie. | dach. |
| Hindoustâni. | Asie méridionale. | dicht. |
| Berber. | Afrique septentr. | thith. |
| Sokna. | Afrique mérid. | tiath. |

XIII. *Racine.* NN.

| | | |
|---|---|---|
| Hindoustâni. | Asie méridionale. | nin. |
| Coréen. | Asie orientale. | noun. |
| Darfour. | Afriq. moyenne. | nounieh. |

| | | |
|---|---|---|
| Achanti. | Afriq. moyenne. | nounnié. |
| Tanna. | Océanie. | nimi. |

### XIV. *Racine.* TL.

| | | |
|---|---|---|
| Irlandais. | | thuilh. |
| Géorgien. | Asie occidentale. | thwali. |
| Mingrélien. | Caucase. | tholi. |
| Mahratte. | Asie méridionale. | dhola. |
| Balabande. | Asie méridionale. | dhola. |

### XV. *Racine.* OL, OUL, EL.

| | | |
|---|---|---|
| Portugais. | | olho. |
| Français. | | œil. |
| Kaboutch. | Caucase. | olva. |
| Valesan. | | oull. |
| Catalan. | | oull. |
| Provençal. | | hueil. |
| Akoucha. | Caucase. | ouli. |
| Abaze. | Caucase. | oulla. |
| Kamtchatka. | Asie orientale. | eled. |
| Tchouktchi. | Asie orientale. | ellifa. |
| Berber. | Afrique septentr. | ellin. |

### XVI. *Racine.* KS.

| | | |
|---|---|---|
| Turc. | Europe et Asie. | kœz, gœz. |
| Tchouvache. | Sur le Volga. | koz. |
| Mobba. | Afriq. moyenne. | kassig. |
| Sakkatou. | Afriq. moyenne. | ghitta. |

### XVII. *Racine.* N *suivi d'une voyelle.*

| | | |
|---|---|---|
| Tcherkesse. | Caucase. | ne. |
| Mandingo. | Afrique occident. | néa. |

| | | |
|---|---|---|
| Kitchoua. | Pérou, Am. mér. | nahoui, naoui. |
| Kitena. | Pérou, Am. mér. | nagoui. |
| Bambara. | Afrique occident. | gnie. |

### XVIII. *Racine.* M *suivi d'une voyelle.*

| | | |
|---|---|---|
| Chinois. | Asie. | mou. |
| Tombouktou. | Afriq. moyenne. | moh. |
| Japonais. | Asie orientale. | me. |

### XIX. *Racine.* KR.

| | | |
|---|---|---|
| Turc. | Asie et Europe. | gor-mek (*voir*). |
| Mobimah. | Amérique mérid. | tchora. |
| Turc. | Sibérie. | karouk. |
| Iakoute. | Sibérie. | kharak. |
| Kangatse. | Sibérie. | karak. |
| Andi. | Caucase. | kharko. |
| Paunitari. | Amérique sept. | kirikô. |

### XX. *Racine.* PA.

| | | |
|---|---|---|
| Kiriri. | Amérique mérid. | po. |
| Sounda. | Asie méridionale. | pa-nem. |

### XXI. *Racine.* TN.

| | | |
|---|---|---|
| Arintse. | Sibérie mérid. | teng. |
| Bassa-Krama. | Yava, Asie mér. | tingal. |

### XXII. *Racine.* ES, IS.

| | | |
|---|---|---|
| Lamoute. | Sibérie orientale. | essel. |
| Toungouse. | Sibérie. | echa, echal, ichal. |
| Mandchou. | Asie orientale. | ïassa. |
| Mandara. | Afriq. moyenne. | etchei. |
| Oto. | Amérique sept. | ichta. |

| | | |
|---|---|---|
| Sioux. | Amérique sept. | ichta. |
| Haaussa. | Afriq. moyenne. | iddo. |
| Zamouka. | Amérique mérid. | ïedo. |
| Tombouktou. | Afriq. moyenne. | aïti. |

XXIII. *Racine.* EI. (*Comparez la Racine* I.)

| | | |
|---|---|---|
| Anglais. | | eye. |
| Bambara. | Afrique occident. | ayé (*voir*). |

XXIV. *Racine.* TK.

| | | |
|---|---|---|
| Toupi. | Amérique mérid. | teka. |
| Vilèla. | Amérique mérid. | toke. |
| Ternate. | Iles de la Sonde. | tako. |

XXV. *Racine.* MN.

| | | |
|---|---|---|
| Japonais. | Asie orientale. | manoko. |
| Berber. | Afrique orientale. | manga. |
| Nouba. | Afrique orientale. | moïnga. |

XXVI. *Racine.* KN, KM.

| | | |
|---|---|---|
| Anglais. | | ken. |
| Chinois. | Asie orientale. | kian, ghian (*voir*). |
| Kanara. | Asie méridionale. | kannou. |
| Malabar. | Asie méridionale. | kannou. |
| Tamoul. | Asie méridionale. | kan. |
| Japonais. | Asie orientale. | gan. |
| Nouvelle-Hollande. | Océanie. | kanohi, kanava. |
| Beghirma. | Afriq. moyenne. | kam, kammo. |

# NEZ.

## I. *Racine.* NS, NN.

| | | |
|---|---|---|
| Allemand. | | nase. |
| Latin. | | nasus. |
| Goth. | | nasa. |
| Sanskrit. | Asie méridionale. | nâsa, nasika. |
| Slave. | | nos. |
| Aïmara. | Amérique mérid. | nasa. |
| Loulé. | Amérique mérid. | nous. |
| Moxa. | Amérique mérid. | noussiri. |
| Maïpoura. | Amérique mérid. | noukiri. |
| Tchikita. | Amérique mérid. | i-nnas. |
| Français. | | nez. |
| Hindoustâni. | Asie méridionale. | nak, nasika. |
| Tibétain. | Asie moyenne. | r'na. |
| Bambara. | Afrique occident. | né. |
| Maya. | Amér. moyenne. | nné. |
| Mandingo. | Afrique occident. | noung. |
| Waigoo. | Océanie. | nony. |

## II. *Racine.* NR, NL.

| | | |
|---|---|---|
| Votiak. | Sibérie. | nyr. |
| Zyriaine et Permien. | Sibérie. | nyr. |
| Arménien. | Asie occidentale. | snâr. |
| Espagnol et Portugais. | | nariz. |
| Vogoul. | Sibérie. | nol, noul, nel. |
| Ostiake. | Sibérie. | niel, nioul. |

## III. *Racine.* P *suivi d'une voyelle.*

| | | |
|---|---|---|
| Chinois. | Asie orientale. | pi. |

| | | |
|---|---|---|
| Tcherkesse. | Caucase. | pé, pa. |
| Samoyède. | Sibérie. | pye, poua. |
| Konsa. | Amérique sept. | pa. |

### IV. *Racine.* PN, BN.

| | | |
|---|---|---|
| Persan. | Asie. | bini. |
| Ossète. | Caucase. | findz. |
| Abaze. | Caucase. | pintsa. |
| Mobba, | Afriq. moyenne. | bonyouh. |

### V. *Racine.* PS, PTCH, PT.

| | | |
|---|---|---|
| Afghan. | Asie. | poza. |
| Persan. | Asie. | pouz. |
| Oto. | Amérique sept. | paso. |
| Samoyède. | Sibérie. | pachi, poutch. |
| Nouvelle-Angleterre. | Amérique sept. | pitchten. |
| Iles Carolines. | Océanie. | poïti, podi. |
| Nouvelle-Hollande. | Océanie. | booudtou. |

### VI. *Racine.* MR.

| | | |
|---|---|---|
| Arabe. | Asie. | mârin. |
| Avar. | Caucase. | méer. |
| Kaboutch. | Caucase. | mir. |
| Tchetchentse. | Caucase. | mare. |
| Andi. | Caucase. | mahar. |
| Turc. | Sibérie. | mouroun (V. Racine VII). |
| Dido. | Caucase. | mali. |

### VII. *Racine.* BR.

| | | |
|---|---|---|
| Turc. | | bouroun. |

| | | |
|---|---|---|
| Turc. | Sibérie. | bouroun, mouroun (*V. R.* VI), bournou, broun. |
| Nogaï. | Europe orientale. | mouroun. |

### VIII. *Racine.* MK, MG.

| | | |
|---|---|---|
| Grec. | | myktir. |
| Malabar. | Asie méridionale. | moko. |
| Tamoul. | Asie méridionale. | mouka. |
| Varouge. | Asie méridionale. | moukou. |
| Terre van Diemen. | Océanie. | moughis. |
| Kanara. | Asie méridionale. | mouga. |
| Tonquin. | Inde orientale. | moui. |
| Wolof. | Afrique occident. | bakané. |

### IX. *Racine.* R *suivi d'une voyelle.*

| | | |
|---|---|---|
| Grec. | | rin, ris. |
| Sanskrit. | Asie méridionale. | ghrânna (hranna, ranna, ran). |
| Bassa-Karama. | Iles de la Sonde. | ghrânna, rou. |

### X. *Racine.* R *précédé d'une voyelle.*

| | | |
|---|---|---|
| Hongrois. | | or. |
| Arintse. | Sibérie. | arkhoui. |
| Madagascar. | Afrique orientale. | oron, ouroun. |

### XI. *Racine.* SM, SN.

| | | |
|---|---|---|
| Houasteka. | Amér. moyenne. | sam. |
| Tchouvache. | Sur le Volga. | soumsa. |
| Angola. | Afrique mérid. | sounou. |
| Haliforous. | Océanie. | soun. |

## XII. *Racine.* KHM.

| | | |
|---|---|---|
| Antsoukh. | Caucase. | khoumoug. |
| Khoundzakh. | Caucase. | khomag. |
| Mongol. | Asie moyenne. | khamar, khabar. |
| Kalmuk. | Asie moyenne. | khamar. |

## XIII. *Racine.* HN, KN, IN, OUN, etc.

| | | |
|---|---|---|
| Albanais. | | houn, ound. |
| Épirote. | Europe mérid. | hounda. |
| Grec en Sicile. | | khounda. |
| Karagasse. | Sibérie. | hundel. |
| Boughis. | Iles de la Sonde. | ing'a. |
| Saliva. | Amérique mérid. | inkouou. |
| Arménien. | Asie méridionale. | ountch. |
| Sakkatou. | Afriq. moyenne. | hinari. |
| Tamanaka. | Amér. moyenne. | khonari. |
| Japonais. | Asie orientale. | khana. |
| Othomi. | Amér. moyenne. | khinou. |
| Sanskrit. | Asie méridionale. | ghona. |
| Totonnaka. | Amér. moyenne. | kuin. |
| Bournou. | Afriq. moyenne. | kinoa, kencha. |
| Akoucha. | Caucase. | kank. |
| Kamtchatka mérid. | Asie orientale. | kaïnky. |
| Kotte. | Sibérie. | an. |
| Toungouse. | Sibérie. | ongata. |
| Betchouan. | Afrique mérid. | ongko. |
| Arabe. | Asie méridionale. | enf (*pl.* ounouf). |

## XIV. *Racine.* KT, KHT.

| | | |
|---|---|---|
| Arménien. | Asie occidentale. | kit. |
| Chaldéen. | Asie occidentale. | khitmou. |
| Mixteka. | Amér. moyenne. | dzitni. |

## XV. *Racine.* KS.

| | | |
|---|---|---|
| Coréen. | Asie orientale. | kosse. |
| Tombouktou. | Afriq. moyenne. | hochti. |

## XVI. *Racine.* IR, IL, ID, etc.

| | | |
|---|---|---|
| Java. | Iles de la Sonde. | iroung. |
| Tagala. | Iles Philippines. | ylong. |
| Maghindanao. | Iles Philippines. | yelong. |
| Inbatse. | Sibérie. | olou. |
| Lampoung. | Iles de la Sonde. | ighong. |
| Malai. | Asie méridionale. | idoung, hidong, idong. |
| Kourile. | Asie orientale. | itou. |

## XVII. *Racine.* SR.

| | | |
|---|---|---|
| Basque. | | sour. |
| Berber. | Afrique orientale. | sourri. |

## XVIII. *Racine.* IOU.

| | | |
|---|---|---|
| Iles Sandwich. | Océanie. | iou. |
| Araucana. | Amérique mérid. | iou. |
| Tahiti. | Océanie. | eïou. |

## XIX. *Racine.* IK.

| | | |
|---|---|---|
| Koriaike. | Asie orientale. | yeka, yekha. |
| Mexicain. | Amér. moyenne. | yaka. |

# BOUCHE.

## I. *Racine.* OST, OT, OUT, VT, BT.

| | | |
|---|---|---|
| Latin. | | os, os-tium. |
| Slave. | | ousta. |
| Polabe. | | voïsta. |
| Servien. | | housta. |
| Darfour. | Afriq. moyenne. | outaü. |
| Nouvelle-Zélande. | Océanie. | outou. |
| Waigoo. | Océanie. | oudou. |
| Iles de la Société. | Océanie. | outou. |
| Mongol. | Asie moyenne. | oudé (*embouchure.*) |
| Sanskrit. | Asie méridion. | vadana. |
| Foulé. | Afrique occident. | oudonko. |
| Moultani. | Inde. | vat. |
| Tombouktou. | Afriq. moyenne. | fetti. |
| Rossaon. | Inde. | bodon. |

## II. *Racine.* AS, ES, IS.

| | | |
|---|---|---|
| Sanskrit. | Asie méridionale. | àssya. |
| Hochelagi. | Amérique sept. | essahe. |
| Tibbo. | Afrique orientale. | itchi. |
| Abaze. | Caucase. | itcha. |

## III. *Racine.* AG, AV, AU, *analogue à la suivante.*

| | |
|---|---|
| Dans les langues turques. | agyz, akhzi, awouz, aouz. |

## IV. *Racine.* AK, *en rapport avec la précédente.*

| | | |
|---|---|---|
| Samoyède. | Sibérie. | ak, akt. |
| Nouba. | Afrique orientale. | akka. |

| | | |
|---|---|---|
| Berber. | Afrique orientale. | akka. |
| Doungala. | Afrique orientale. | aghilg. |
| Dido. | Caucase. | hakou. |

### V. *Racine.* PR, BR.

| | | |
|---|---|---|
| Géorgien. | Asie occidentale. | piri. |
| Arménien. | Asie occidentale. | piran. |
| Toupi. | Amérique mérid. | pourou. |
| Lithuanien. | | bourna. |
| Myanmaw. | Inde orientale. | paraṫ. |
| Japonais. | Asie orientale. | birou. |
| Ombay. | Océanie. | i-birka. |

### VI. *Racine.* BL.

| | | |
|---|---|---|
| Irlandais. | | beal. |
| Erse. | | beoul. |
| Japonais. | Asie orientale. | bilou, birou. |

### VII. *Racine.* PN, BN, VN, AN, etc.

| | | |
|---|---|---|
| Play. | Siam, Inde orient. | pano. |
| Moan. | Inde orientale. | paoun. |
| Tagala. | Iles Philippines. | bounga. |
| Mallikolo. | Océanie. | bangoum. |
| Pampanghi. | Iles Philippines. | bounganga. |
| Achanti. | Afrique occident. | vannoum. |
| Nouvelle-Calédonie. | Océanie. | vanghe. |
| Toungouse. | Sibérie. | anga, amga. |
| Mongol. | Asie moyenne. | amga. |
| Kamache. | Sibérie. | ang. |
| Zend. | Ancien Persan. | aonghe. |
| Sanskrit. | Asie méridionale. | anana. |
| Hindoustâni. | Asie méridionale. | anan. |

## VIII. *Racine.* IM, OUM, etc.

| | | |
|---|---|---|
| Permien. | Sibérie. | im, em. |
| Zyriaine. | Sibérie. | vom. |
| Votiak. | Sur le Volga. | im, oum. |
| Berber. | Afrique septentr. | imi. |
| Nouvelle-Hollande. | Océanie. | ïemba. |

## IX. *Racine.* PK, BK, BG, BB.

| | | |
|---|---|---|
| Siam. | Inde orientale. | pauk. |
| Italien. | | bocca. |
| Français. | | bouche. |
| Tchetchentse. | Caucase. | bagæ. |
| Ingouche. | Caucase. | bagga. |
| Touchi. | Caucase. | bak. |
| Madagascar. | Mer d'Afrique. | bawa. |
| Macassar. | Iles Asiatiques. | bawa. |
| Abaka. | Iles Philippines. | baba. |
| Tagala. | Iles Philippines. | bibig. |

## X. *Racine.* MN, MM.

| | | |
|---|---|---|
| Goth. | | munths. |
| Vieux Allemand. | | munt. |
| Allemand. | | mund. |
| Islandais. | | munnus. |
| Suédois. | | mun. |
| Hindoustâni. | Asie méridionale. | mounh. |
| Nouvelle-Seelande. | Océanie. | mangaï. |
| Kanara. | Asie méridionale. | moumka. |
| Java. | Iles de la Sonde. | mamah. |

## XI. *Racine.* MT, MS.

| | | |
|---|---|---|
| Iles de la Société. | Océanie. | motou, modou. |
| Iles des Marquises. | Océanie. | motou. |
| Souriquois. | Amérique sept. | meton. |
| Anglais. | | mouth. |
| Anglo-Saxon. | | muts. |
| Lettonien. | | mutte. |
| Frison. | | |
| Formosa. | Asie orientale. | motaus. |
| Samoyède. | Sibérie. | metse. |

## XII. *Racine.* MK, etc.

| | | |
|---|---|---|
| Mahratte. | Asie méridionale. | mouk. |
| Sanskrit. | Asie méridionale. | mouk'ha. |
| Hindoustâni. | Asie méridionale. | mouk'h. |
| Kolooun. | Inde orientale. | maukou. |
| Tsingane | ou Bohémien. | moui, moi. |
| Malabar. | Asie méridionale. | mou. |
| Samoyède. | Sibérie septentr. | meſo. |

## XIII. *Racine.* ML.

| | | |
|---|---|---|
| Allemand. | | maul, mul. |
| Malai. | Asie méridionale. | moulout. |
| Akoucha. | Caucase. | miouli. |

## XIV *Racine.* KR, GR, YR.

| | | |
|---|---|---|
| Japonais. | Asie orientale. | kourié. |
| Mordouine. | Sur le Volga. | kourgo. |
| Kanara. | Asie méridionale. | gora. |
| Valaque. | | goura. |
| Brésilien. | Amérique mérid. | hourou. |

| | | |
|---|---|---|
| Homagoua. | Amérique mérid. | yourou. |
| Tamoul. | Asie méridionale. | erkou. |

## XV. *Racine.* YP.

| | | |
|---|---|---|
| Coréen. | Asie orientale. | yeep. |
| Vilèla. | Amérique mérid. | yep. |
| Mokobi. | Amérique mérid. | ayap. |

## XVI. *Racine.* K *avec une voyelle suivante.*

| | | |
|---|---|---|
| Tibétain. | Asie moyenne. | ka. |
| Loulé. | Amérique mérid. | ka. |
| Inbatse. | Sibérie. | ko. |
| Japonais. | Asie orientale. | kou. |
| Chinois. | Asie orientale. | k'heou. |
| Tonquin. | Inde orientale. | k'hau. |
| Houasteka. | Amér. moyenne. | houi. |
| Albanais. | Europe mérid. | goï. |
| Épirote. | Europe mérid. | goïa. |
| Grec en Sicile. | | ghoya. |

## XVII. *Racine.* GB, HB.

| | | |
|---|---|---|
| Slave. | | gouba. |
| Kotte. | Sibérie. | hobie. |
| Bohémien. | | houba. |
| Assane. | Sibérie. | houvoui. |

## XVIII. *Racine.* KCH.

| | | |
|---|---|---|
| Koriaike. | Asie orientale. | kacha. |
| Allemand. | | gosche, gusche. |
| Japonais. | Asie orientale. | koudjin. |

## XIX. *Racine.* KN, GN, KM.

| | | |
|---|---|---|
| Mobba. | Afriq. moyenne. | kanna. |
| Angola. | Afrique mérid. | kanou. |
| Play. | Inde orientale. | ganou. |
| Borgou. | Afrique orientale. | kana. |
| Roukheng. | Inde orientale. | khanang. |
| Cornouaille. | France. | ganau. |
| Poumpokolsk. | Sibérie. | kang. |
| Mobimi. | Amérique mérid. | kouani. |
| Affadeh. | Afrique occident. | gangko. |
| Sakkatou. | Afriq. moyenne. | kondoukhou. |
| Kamtchatka. | Asie orientale. | tchanna. |
| Mexicain. | Amér. moyenne. | kama-*tl*. |
| Wolof. | Afrique occident. | ghéminghe. |

## XX. *Racine.* KL.

| | | |
|---|---|---|
| Rouinga. | Inde orientale. | gall. |
| Totonaka. | Amér. moyenne. | quilni. |
| Lesghi. | Caucase. | kaal, kol. |
| Afghan. | Asie occidentale. | khoule. |
| Mbaya. | Amérique mérid. | kholadi. |
| Japonais. | Asie orientale. | koulie, kourie. |

## XXI. *Racine.* S, TS *suivis d'une voyelle.*

| | | |
|---|---|---|
| Hongrois. | | szài. |
| Finnois. | | sou. |
| Finnois de Carélie. | | chou. |
| Maya. | Amér. moyenne. | tchi. |
| Bournou. | Afriq. moyenne. | dji. |
| Tai-yai. | Inde orientale. | tso. |
| Ossète. | Caucase. | tsoukh, tsykh. |
| Kourile. | Asie orientale. | tsar, tchar. |

XXII. *Racine.* SM.

| | | |
|---|---|---|
| Kitchoua. | Amérique mérid. | simi. |
| Moï-tay. | Inde orientale. | simbau. |
| Angola. | Afrique mérid. | soumbou. |
| Japonais. | Asie orientale. | sin. |

XXIII. *Racine.* LP, LM, LL.

| | | |
|---|---|---|
| Sanskrit. | Asie méridionale. | lapana. |
| Allemand. | | lippe. |
| Caffre. | Afrique mérid. | loumo. |
| Ostiake. | Sibérie. | loul. |

XXIV. *Racine.* P, F *suivis d'une voyelle.*

| | | |
|---|---|---|
| Hébreu. | Asie. | péh, féh. |
| Arabe. | Asie occidentale. | fa, fih, féh, fouh, famm. |
| Chaldéen. | Asie occidentale. | pimou. |
| Assyrien. | Asie occidentale. | poumou. |
| Tiggry. | Afrique orientale. | a-phi. |

XXV. *Racine.* N, *suivi d'une voyelle.*

| | | |
|---|---|---|
| Otomi. | Amér. moyenne. | né, na. |
| Samoyède. | Sibérie. | né, næl, næng ngang. |
| Maghindanao. | Iles Philippines. | nagali. |
| Abipone. | Amérique mérid. | naagat. |
| Nouvelle-Calédonie. | Océanie. | nouanghiæ. |

XXVI. *Racine.* T, D, *suivis d'une voyelle.*

| | | |
|---|---|---|
| Bambara. | Afrique occident. | da. |
| Tchetchentse. | Caucase. | dahé. |

| | | |
|---|---|---|
| Bosjesman Hottentot. | Afrique mérid. | touh. |
| Vogoule. | Sibérie. | toj, tos. |

### XXVII. *Racine.* TN, TM.

| | | |
|---|---|---|
| Sanskrit. | Asie méridionale. | tounnia. |
| Sankikau. | Amériq. septent. | toonne. |
| Persan. | Asie occidentale. | dehan, dihen. |
| Araucana. | Amérique mérid. | tin. |
| Kora. | Amér. moyenne. | tenniti. |
| Kanara. | Asie méridionale. | tombda. |
| Grec. | | stoma. |

### XXVIII. *Racine.* TR, TL.

| | | |
|---|---|---|
| Tanna. | Océanie. | tæroui. |
| Tchikita. | Amérique mérid. | tourous. |
| Beghirma. | Afriq. moyenne. | tarinya. |
| Kamtchatka. | Asie orientale. | taloun. |

### XXIX. *Racine.* R *suivi d'une voyelle.*

| | | |
|---|---|---|
| Copte. | Afrique septentr. | ro, rô. |
| Russe. | | rot. |

### XXX. *Racine, composée de voyelles.*

| | | |
|---|---|---|
| Basque. | France. | aoa, ahoua, aou. |
| Mixteka. | Afriq. moyenne. | youhou. |
| Iles de la Société. | Océanie. | é-ouaha. |
| Iles Carolines. | Océanie. | é-houaï. |
| Sandwich. | Océanie. | ouaha. |
| Kotchimi. | Amérique mérid. | aha. |
| Yaroura. | Amérique mérid. | iao. |

# DENT.

I. *Racine.* RT, RD.

| | | |
|---|---|---|
| Sanskrit. | Asie méridionale. | rad, radana. |
| Hindoustâni. | Asie méridionale. | reden. |
| Tchouktche. | Sibérie orientale. | ritti. |
| Tonquin. | Inde orientale. | rang. |

II. *Racine.* KK, KG.

| | | |
|---|---|---|
| Pehlvi. | Ancien Persan. | kaka. |
| Assyrien. | Asie occidentale. | kika. |
| Afghan. | Asie. | khak. |
| Malai. | Asie méridionale. | ghighi. |
| Dido. | Caucase. | kitsou. |
| Groenlandais. | Amérique sept. | kigout, |
| Chaldéen. | Asie occidentale. | keke. |
| Darfour. | Afriq. moyenne. | kagih. |

III. *Racine.* KB.

| | | |
|---|---|---|
| Maya. | Amér. moyenne. | kob. |
| Japonais. | Asie orientale. | kiba. |
| Géorgien. | Asie occidentale. | kbili. |
| Mingrelien. | Asie occidentale. | kibiri. |
| Lazi. | Asie occidentale. | kibri. |

IV. *Racine.* T *et* D *suivis d'une voyelle et de consonnes.*

| | | |
|---|---|---|
| Guarani. | Amérique mérid. | taï. |
| Bosjesman. | Afrique mérid. | t'hey. |
| Homagoua. | Amérique mérid. | daï, saï. |
| Sanskrit. | Asie méridionale. | danta. |
| Hindoustâni. | Asie méridionale. | dant. |

| | | |
|---|---|---|
| Zend. | Vieux Persan. | dentano. |
| Latin. | | dens. |
| Breton. | France. | dent. |
| Cornouaille. | France. | dans. |
| Grec. | | o-dus, o-dontos. |
| Grec moderne. | | dondia. |
| Gounoung Tala. | Iles de la Sonde. | dangheta. |
| Goth. | | tuntus. |
| Allemand. | | zahn. |
| Islandais. | | tonn. |
| Danois. | | tand. |
| Frison. | | tan. |
| Lithuanien. | | dountis. |
| Valaque. | | dinte. |
| Persan. | Asie occidentale. | dandan. |
| Kurde. | Asie occidentale. | danan, tendach. |
| Ossète. | Caucase. | dandak. |
| Arménien. | Asie méridionale. | a-damn. |
| Toupi. | Amérique mérid. | tanha. |
| Brésil. | Amérique mérid. | tanha. |
| Éthiopien. | Afriq. occident. | ten. |
| Albanais. | Europe mérid. | dem, dambe. |
| Bornou. | Afriq. moyenne. | timmi. |
| Koïbale. | Sibérie mérid. | temæ. |
| Araucana. | Amérique mérid. | domo. |
| Kora. | Amér. moyenne. | temeti. |
| Samoyède Karasse. | Sibérie. | dimyda. |
| Samoyède. | Sibérie. | tibe, tibie, tiou. |
| Algonkin. | Amérique sept. | tibit. |
| Birman. | Inde orientale. | tabou. |
| Ostiake. | Sibérie. | tivou, tevou. |

| | | |
|---|---|---|
| Khoundzakh. | Caucase. | tsabi, tsavi. |
| Antsoukh et Tchar. | Caucase. | zibi. |
| Lettonien. | | sobs. |
| Livonien. | | sobs. |
| Slave. | | zub. |
| Birman. | Inde orientale. | soua, swa. |
| Pégou. | Inde orientale. | shoua. |
| Tibetain. | Asie moyenne. | so. |
| Sanskrit. | Asie méridionale. | dout. |
| Anglais. | | tooth, tusk. |
| Sanskrit. | Asie méridionale. | dashana. |
| Hindoustâni. | Asie méridionale. | dessen. |
| Turc. | Europe et Asie. | dich, tich. |
| Frison. | Asie orientale. | tuske. |
| Iakoute. | Sibérie. | tit. |

V. *Racine.* TS, DJ, CH, CHN, *analogue à la précédente.*

| | | |
|---|---|---|
| Kongo. | Afrique mérid. | djou. |
| Chinois. | Asie orientale. | tchi. |
| Chinois au Japon. | Asie orientale. | si. |
| Otomi. | Amér. moyenne. | tsi. |
| Tcherkesse. | Caucase. | dze, dza. |
| Kiriri. | Amérique mérid. | dza. |
| Ghebe. | Océanie. | dji. |
| Mongol. | Asie moyenne. | chidou. |
| Kalmuk. | Asie moyenne. | chudun. |
| Hébreu. | Asie occidentale. | chen. |
| Chaldéen. | Asie occidentale. | chinou. |
| Arabe. | Asie occidentale. | sinn. |
| Caffre. | Afrique mérid. | sînyou. |

| | | |
|---|---|---|
| Tchouvache. | Sur le Volga. | chil. |
| Andi. | Caucase. | tsioul. |
| Akoucha. | Caucase. | tsoulve. |
| Mobimah. | Amérique mérid. | tsoïsla. |

VI. *Racine.* P, F *suivis d'une voyelle, ou* N *à la fin.*

| | | |
|---|---|---|
| Japonais. | Asie orientale. | pha. |
| Mokcha. | Sur le Volga. | peï. |
| Mordouine. | Sur le Volga. | pæi. |
| Tcheremisse. | Sur le Volga. | piu. |
| Bima. | Iles de la Sonde. | voi. |
| Wolof. | Afriq. occident. | boïgne. |
| Van Diemen. | Océanie. | peghi. |
| Hongrois. | | fog. |
| Irlandais. | | fiacoul. |
| Abaze. | Caucase. | pits. |
| Bassa-Krama. | Iles de la Sonde. | vadya. |
| Thay. | Indes orientales. | fan. |
| Alifourous. | Océanie. | foni. |
| Lappon. | | pane, pande. |
| Zyriaine et Permien. | Sibérie. | pin. |
| Votiake. | Sur le Volga. | pin. |
| Vogoul. | Sibérie. | pankt, ping. |
| Ostiake. | Sibérie. | penk, ponk, pek. |
| Télougou. | Asie méridionale. | pandlou. |

VII. *Racine.* KR, TSR.

| | | |
|---|---|---|
| Kitchoua. | Amérique mérid. | kirou, kéro. |
| Kitena. | Amérique mérid. | kirou. |
| Tamanaka. | Amérique mérid. | khéri. |
| Arménien. | Asie occidentale. | kérik. |
| Kazi-Koumuk. | Caucase. | kertchi. |

| | | |
|---|---|---|
| Tchetchentse. | Caucase. | tserikch. |
| Ingouche. | Caucase. | tserghich. |
| Touchi. | Caucase. | tserka. |
| Argoubba. | Afriq. moyenne. | tirsa. |
| Tiggry. | Afrique orient. | tirseha. |

VIII. *Racine.* HM, KHM.

| | | |
|---|---|---|
| Finnois et Estonien. | | hammas. |
| Carélien. | | khammas. |
| Kourile. | Asie orientale. | himak, imak. |

IX. *Racine.* VS, VT.

| | | |
|---|---|---|
| Ombaï. | Australien. | vessi. |
| Tchikita. | Amérique mérid. | oos. |
| Vogoul. | Sibérie. | vit. |
| Formosa. | Mer de Chine. | vatig. |

X. *Racine.* N *suivi d'une voyelle ou d'une consonne.*

| | | |
|---|---|---|
| Iles Carolines. | Océanie. | ni, gni, nii. |
| Bambara. | Afrique occid. | ngi. |
| Coréen. | Asie orientale. | ni. |
| Nouvelle-Zeelande. | Océanie. | nio. |
| Ende. | Iles de la Sonde. | nihi. |
| Tagala. | Iles Philippines. | nghipoum. |
| Maghindanao. | Iles Philippines. | nipoun. |
| Madagascar. | Afrique orientale. | nif. |
| Iles des Amis. | Océanie. | nifo. |
| Iles Mariannes. | Océanie. | nifine. |
| Copte. | Égypte. | naghi. |
| Mbaya. | Amérique mérid. | nogoué. |
| Abiponi. | Amérique mérid. | navoué. |
| Wolof. | Afrique occident. | negnoï. |

| | | |
|---|---|---|
| Moxa. | Amérique mérid. | nouoï. |
| Béghirmy. | Afriq. moyenne. | nganah. |
| Caraïbe. | Amérique mérid. | nari. |
| Maïpoura. | Amérique mérid. | nati. |
| Berber. | Afriq. moyenne. | nita. |
| Mandingo. | Afriqueoccident. | ning. |
| Foule. | Afrique occident. | nhierre. |

XI. *Racine.* IK, AG.

| | | |
|---|---|---|
| Toungouse. | Sibérie orientale. | ikta, iktal. |
| Basque. | | aguin. |

XII. *Racine.* IT, IS, etc.

| | | |
|---|---|---|
| Lamoute. | Sibérie. | it. |
| Bougi. | Iles de la Sonde. | issii. |
| Kayoubaba. | Amérique mérid. | aïtche. |
| Sapibokoni. | Amérique mérid. | eïtche. |

XIII. *Racines composées de voyelles avec et sans aspiration.*

| | | |
|---|---|---|
| Nadovessir. | Amériq. septent. | i. |
| Oto. | Amériq. septent. | hi. |
| Konsa. | Amériq. septent. | hih. |
| Coréen. | Asie orientale. | yee. |
| Chinois. | Asie orientale. | ya. |
| Japonais. | Asie orientale. | ha (fa, kha). |

## LANGUE.

I. *Racine.* RS, LS, LK.

| | | |
|---|---|---|
| Sanskrit. | Asie méridionale. | rassanâ. |
| Copte. | Égypte. | las. |

| | | |
|---|---|---|
| Arabe. | Asie occidentale. | lessan. |
| Hébreu. | Asie occidentale. | laschon. |
| Ethiopien. | Afrique orientale. | letsan. |
| Lagoa Baie. | Afrique mérid. | loodioun. |
| Arménien. | Asie. | lésou. |
| Berber. | Afrique septentr. | i-lis. |
| Lithuanien. | | lietsouvis. |
| Loulé. | Amériq. mérid. | leki. |
| Allemand (*provincial*). | | lecker. |
| Vilèla. | Amériq. moyenn. | lekip. |
| Kamtchatka. | Asie orientale. | lakcha. |
| Aïmara. | Amérique mérid. | lagra. |

II. *Racine.* LN, LM, LL.

| | | |
|---|---|---|
| Latin. | | lingua. |
| Mandchou. | Asie orientale. | i-lengou. |
| Anglais vulgaire. | | s-lang. |
| Valaque. | | limba. |
| Akoucha. | Caucase. | limtsi. |
| Wolof. | Afrique occident. | laminghe. |
| Caffre. | Afrique mérid. | m'lime. |
| Betchouan-Caffre. | Afrique mérid. | lo-lemi. |
| Kongo. | Afrique mérid. | rimi. |
| Souabe. | | lælli. |
| Radak. | Océanie. | louel. |
| Koriaike. | Sibérie. | lill. |
| Tonquin. | Asie orientale. | louei. |

III. *Racine.* KL, DJL, CHL.

| | | |
|---|---|---|
| Kitena. | Amérique mérid. | kallou. |
| Kitchoua. | Amérique mérid. | kalli, kallo. |
| Mongol. | Asie moyenne. | kele, kyle. |

| | | |
|---|---|---|
| Permien. | Sibérie. | kyl. |
| Votiake. | Sibérie. | kyl. |
| Mordouine. | Sur le Volga. | kel. |
| Estonien. | | kéel. |
| Finnois. | | kieli, tsieli, tchieli. |
| Béghirma. | Afriq. moyenne. | dgoull. |
| Grec. | | glossa, glotta. |
| Albanais. | Europe mérid. | ghiouha, ghouka. |
| Toungouse. | Sibérie orientale. | tcholi. |
| Madoura. | Iles de la Sonde. | djila. |
| Samoyède-Karasse. | Sibérie. | chel. |
| Koïbale. | Sibérie mérid. | sioul. |
| Samoyède. | Sibérie. | sior. |

## IV. *Racine.* NR.

| | | |
|---|---|---|
| Berber. | Afriq. moyenne. | narka. |
| Maïpoura. | Amérique mérid. | nouare. |
| Tamanaka. | Amérique mérid. | nourou. |

## V. *Racine.* TN, etc.

| | | |
|---|---|---|
| Allemand. | | zunge. |
| Anglo-saxon. | | tunge. |
| Anglais. | | tongue. |
| Bosjesman-Hottentot. | Afrique mérid. | tinn. |
| Erse. | | tengad. |
| Irlandais. | | thianna. |
| Kora-Caffre. | Afrique mérid. | tamma. |
| Goth. | | tuggo. |
| Breton. | France. | teaud. |
| Gallois. | Angleterre. | tewad. |
| Cornouaille. | France. | tawad. |

### VI. *Racine.* SB.

| | | |
|---|---|---|
| Mahratte. | Asie méridionale. | djib. |
| Tsingane | ou Bohémien. | tchib. |
| Sanskrit. | Asie méridionale. | djîva. |
| Bengale. | Asie méridionale. | djib'h. |
| Afghan. | Asie. | jiba. |
| Persan. | Asie occidentale. | zibân. |
| Kurde. | Asie occidentale. | zebân. |

### VII. *Racine.* S *suivi d'une voyelle.*

| | | |
|---|---|---|
| Birman. | Afrique orient. | cha. |
| Chinois. | Asie orientale. | che. |
| Tibétain. | Asie moyenne. | gchi. |
| Samoyède. | Sibérie. | sé, ché, sié. |
| Japonais. | Asie orientale. | sets, chita. |

### VIII. *Racine.* HS.

| | | |
|---|---|---|
| Kaboutch. | Caucase. | hoss. |
| Zend. | Sibérie orientale. | hezoue. |
| Pehlvi. | Ancien Persan. | hozouan. |
| Slave. | | yazik. |
| Kurde. | Asie occidentale. | osmas. |

### IX. *Racine.* IL, ILM. (V. *Racine* II.)

| | | |
|---|---|---|
| Tchouktche. | Sibérie orientale. | iïl. |
| Tcheremisse. | Sur le Volga. | ielmie, ioulma. |
| Iles des Amis. | Océanie. | alello. |
| Vogoul. | Sibérie. | ilim. |
| Turc du Ienisceï. | Sibérie. | aloup. |

## X. *Racine.* LD.

| | | |
|---|---|---|
| Malai. | Asie méridionale. | lida. |
| Java. | Iles de la Sonde. | lada. |

## XI. *Racine.* DL.

| | | |
|---|---|---|
| Turc. | Europe et Asie. | dil, til, tiel. |
| Tagala. | Iles Philippines. | dila. |
| Maghindanao. | Iles Philippines. | dela. |
| Darfour. | Afriq. moyenne. | dali. |
| Bornou. | Afriq. moyenne. | tilem. |
| Mobba. | Afriq. moyenne. | dilmih. |

## XII. *Racine.* N, EN.

| | | |
|---|---|---|
| Moxa. | Amérique mérid. | nen. |
| Kayoubaba. | Amérique mérid. | ine. |
| Sapibokoni. | Amérique mérid. | eana. |
| Géorgien. | Asie occidentale. | ena. |
| Mingrélien. | Asie occidentale. | nina. |
| Souane. | Caucase. | nin. |
| Bétoï. | Amérique mérid. | ineka. |
| Kiriri. | Amérique mérid. | nouna. |
| Toungouse. | Asie orientale. | inni, igni. |
| Lamoute. | Sibérie. | egna. |

## XIII. *Racine.* BS, VS, BSK.

| | | |
|---|---|---|
| Ossète. | Caucase. | bzag. |
| Malai. | Asie méridionale. | bassa. |
| Kurde. | Asie occidentale. | bzegou. |
| Assyrien. | Asie occidentale. | a-bzag. |
| Tcherkesse. | Caucase. | bzek, bzegou. |
| Abaze. | Caucase. | i-bz. |

| | | |
|---|---|---|
| Copte. | Afrique septentr. | aspi (*V*. *R*. VIII). |
| Affadeh. | Afriq. moyenne. | esfi. |

### XIV. *Racine*. MT, MS.

| | | |
|---|---|---|
| Touchi. | Caucase. | mot. |
| Tchetchentse. | Caucase. | mot, mout. |
| Ingouche. | Caucase. | motte. |
| Kazi-Koumuk. | Caucase. | mas. |
| Akoucha. | Caucase. | mits. |
| Dido. | Caucase. | mets. |
| Lesghi. | Caucase. | mats, maats. |
| Lampoung. | Iles de la Sonde. | ma. |

### XV. *Racine*. ML, MN.

| | | |
|---|---|---|
| Livonien. | | mele. |
| Lettonien. | | miele. |
| Basque. | | min. |

### XVI. *Racine*. NL, etc.

| | | |
|---|---|---|
| Miamis. | Amérique sept. | nilani. |
| Ostiake. | Sibérie. | nioulim. |
| Vogoul. | Sibérie. | nelma, nilm. |
| Kanara. | Asie méridionale. | naligou. |
| Varoughe. | Asie méridionale. | nalikou. |
| Samoyède. | Sibérie. | næmi. |
| Hongrois. | | nyelv. |
| Lappon. | | nuovts. |

### XVII. *Racine*. NK.

| | | |
|---|---|---|
| Maya. | Amérique mérid. | nak. |
| Malabar. | Asie méridionale. | nakou. |

XVIII. *Racine.* K *suivi d'une voyelle.*

| | | |
|---|---|---|
| Guarani. | Amérique mérid. | kou. |
| Araucana. | Amérique mérid. | keoun. |
| Bambara. | Afrique occident. | kouma. |

XIX. *Racine.* OT, OUT.

| | | |
|---|---|---|
| Tchikita. | Amérique mérid. | otout. |
| Algonkin. | Amérique sept. | uton. |

# FRONT.

I. *Racine.* BL.

| | | |
|---|---|---|
| Sanskrit. | Asie méridionale. | b'hala. |
| Kongo. | Afrique méridion. | polou. |
| Épirote. | Europe mérid. | balle. |
| Albanais. | Europe mérid. | bal. |
| Hindoustâni. | Asie méridionale. | b'hal. |
| Grec en Sicile. | | balet. |
| Vogoul. | Sibérie. | velt. |

II. *Racine.* BR, PR, FR.

| | | |
|---|---|---|
| Mobimah. | Amérique mérid. | berra. |
| Aïmara. | Amérique mérid. | para. |
| Tamanaka. | Amérique mérid. | peri. |
| Lettonien. | | pere. |
| Krive. | Prusse orientale. | pere. |
| Latin. | | frons. |

III. *Racine.* KN.

| | | |
|---|---|---|
| Berber. | Afrique septentr. | koenga. |
| Mordouine. | Sur le Volga. | konia. |
| Andi. | Caucase. | khounau. |

IV. *Racine.* TL.

| | | |
|---|---|---|
| Araucana. | Amérique mérid. | thol. |
| Breton. | France. | taal. |
| Gallois. | Angleterre. | taal, talken. |

V. *Racine.* NT, ND.

| | | |
|---|---|---|
| Malabar. | Asie méridionale. | netti. |
| Kazi-Koumuk. | Caucase. | nete. |
| Antsoukh. | Caucase. | nodô. |
| Tchar. | Caucase. | noudô. |
| Kanara. | Asie méridionale. | niddalla. |
| Tcherkesse. | Caucase. | nata. |
| Béghirma. | Afriq. moyenne. | natne. |
| Vogoul. | Sibérie. | na. |
| Tagala. | Iles Philippines. | noo. |

VI. *Racine.* MT.

| | | |
|---|---|---|
| Kitchoua. | Amérique mér. | matti. |
| Hindoustâni. | Asie méridionale. | mat'ha. |
| Sapibokoni. | Amérique mérid. | e-mata. |
| Sanskrit. | Asie méridionale. | mastaka. |

VII. *Racine.* NK.

| | | |
|---|---|---|
| Souane. | Caucase. | nikba. |
| Ossète. | Caucase. | nikh. |
| Maïpoura. | Amérique mérid. | nouaukipa. |

VIII. *Racine.* AT.

| | | |
|---|---|---|
| Abiponi. | Amérique mérid. | atop. |
| Mokobi. | Amérique mérid. | yatop. |
| Vogoul. | Sibérie. | antop. |

IX. *Racine.* KL, TCHL.

| | | |
|---|---|---|
| Lappon. | | kallo, gallo. |
| Slave. | | tchelo, tcholo. |

X. *Racine.* SB, DJB, etc.

| | | |
|---|---|---|
| Toupi. | Amérique mérid. | siba. |
| Guarani. | Amérique mérid. | tsiba. |
| Arabe. | Asie. | djæbhæh, djébin. |
| Arabe. | Égypte. | gæbhæh. |

XI. *Racine.* KT̀, KS.

| | | |
|---|---|---|
| Samoyède. | Sibérie. | kat. |
| Karasse. | Sibérie mérid. | ghytti. |
| Kitchoua. | Amérique mérid. | katkid. |
| Koriaike et Tchouk-tche. | Sibérie. | kytchal. |
| Bali. | Asie méridionale. | ghidat. |
| Japonais. | Asie orientale. | khitaï (fitaï). |
| Affadeh. | Afriq. moyenne. | kasbi. |
| Japonais. | Asie orientale. | kasghi. |

XII. *Racine.* KP, KB. etc.

| | | |
|---|---|---|
| Bengale. | Asie méridionale. | kapâl. |
| Abaze. | Caucase. | kapekh. |
| Kazakh. | Caucase. | kabahi. |
| Turc. | Sibérie. | kameg. |

XIII. *Racine.* PN.

| | | |
|---|---|---|
| Goth. | | panna. |
| Suédois. | | panna. |
| Danois. | | pande. |

XIV. *Racine.* K *suivi d'une voyelle.*

| | | |
|---|---|---|
| Mingrélien. | Caucase. | koua. |
| Assyrien. | Asie occidentale. | k'ka. |

XV. *Racine.* MNG.

| | | |
|---|---|---|
| Mongol. | Asie moyenne. | mangnaï. |
| Turc. | Asie et Europe. | mangni, manglaï. |

XVI. *Racine.* TR.

| | | |
|---|---|---|
| Iles de la Sonde. | Asie méridionale. | tarang. |
| Bouriate. | Sibérie. | taroki. |

XVII. *Racine.* CHD.

| | | |
|---|---|---|
| Sanskrit. | Asie méridionale. | shôdi. |
| Kalmuk. | Asie moyenne. | chudun. |

XVIII. *Racine.* TCHK.

| | | |
|---|---|---|
| Kayoubaba. | Amérique mérid. | itchoko. |
| Mongol. | Asie moyenne. | tsoko. |

XIX. *Racine.* SN, CHN.

| | | |
|---|---|---|
| Tcheremisse. | Sur le Volga. | sanga, senga. |
| Mandchou. | Asie orientale. | chenghin. |

# VENTRE.

I. *Racine.* BK, etc

| | |
|---|---|
| Allemand. | bauch. |
| Bas-Allemand. | buk. |
| Cimbre. | pauch. |
| Islandais. | bukur. |

| | | |
|---|---|---|
| Suédois. | | buk. |
| Turc. | Asie moyenne. | bougous. |
| Frison. | | bœk. |
| Mordouine. | Sur le Volga. | pæke. |
| Ingouche. | Caucase. | bïiki, gouiki. |
| Kitchoua. | Amérique mérid. | viktsa. |
| Delaware. | Amérique sept. | vakhty. |
| Mahikander. | Amérique sept. | makhty. |

II. *Racine.* BR, PR, etc.

| | | |
|---|---|---|
| Gallois. | Angleterre. | bry. |
| Erse. | | brou. |
| Russe. | | brioukho. |
| Esclavon. | | broukho. |
| Polonais. | | braukh. |
| Albanais. | | bark. |
| Ostiake. | Sibérie. | perga, parokh. |
| Espagnol et Portugais. | | barriga. |
| Arintse. | Sibérie. | phorga. |
| Kangatse. | Sibérie. | bar. |
| Arménien. | Asie occidentale. | por. |
| Tsingane | ou Bohémien. | pær. |
| Malai. | Asie méridionale. | prout. |
| Madoura. | Iles de la Sonde. | peroh. |
| Aïmara. | Amérique mérid. | pouraka. |
| Kiriri. | Amérique mérid. | byro. |
| Wolof. | Afrique occident. | bire. |
| Chinois. | Asie orientale. | pao, bao } V. *Racine* I. |
| Tonquin. | Inde orientale. | bao, boou } V. *Racine* I. |

III. *Racine.* TB.

| | | |
|---|---|---|
| Souménap. | Iles de la Sonde. | tabou. |

| | | |
|---|---|---|
| Guarani. | Amérique mérid. | tebe. |
| Mobba, | Afriq. moyenne. | tabouk. |

IV. *Racine.* SB.

| | | |
|---|---|---|
| Basque. | | sabel. |
| Éthiopien. | Afrique orientale. | saba. |

V. *Racine.* PN, VN.

| | | |
|---|---|---|
| Napolitain. | | pansa. |
| Provençal. | | banse. |
| Valaque. | | puntik. |
| Allemand. | | wanst. |
| Latin. | | venter. |
| Tamanaka. | Amér. moyenne. | veni. |

VI. *Racine.* VMB.

| | | |
|---|---|---|
| Goth. | | wamb. |
| Anglo-Saxon. | | womb. |
| Vieux Allemand. | | womba. |
| Islandais. | | womb. |
| Angola. | Afrique mérid. | woumbou. |
| Caraïbe. | Amérique mérid. | houembou, wimbou. |

VII. *Racine.* OB, OP, etc.

| | | |
|---|---|---|
| Iles des Marquises. | Océanie. | opou. |
| Iles de la Société. | Océanie. | obou. |
| Waigoo. | Océanie. | obou. |
| Vilèla. | Amérique mérid. | ouup. |
| Loulé. | Amérique mérid. | ep. |
| Souake. | Afrique orientale. | opheh. |

## VIII. *Racine.* KT, HT.

| | | |
|---|---|---|
| Estonien. | | koht, keht. |
| Votiake. | Sur le Volga. | ket. |
| Copte. | Afrique septentr. | kit. |
| Éthiopien. | Afrique. | hod. |
| Ternate. | Iles de la Sonde. | hood. |
| Araucana. | Amérique mérid. | ke. |

## IX. *Racine.* PT, BT, VT, etc.

| | | |
|---|---|---|
| Sanskrit. | Asie méridionale. | peta. |
| Hindoustâni. | Asie méridionale. | pet. |
| Malabar. | Asie méridionale. | pite. |
| Iles des Amis. | Océanie. | fattou. |
| Votiak. | Sibérie. | pout. |
| Chili. | Amérique mérid. | poue. |
| Arabe. | Asie méridionale. | bætn. |
| Chaldéen. | Asie occidentale. | bitnou. |
| Hébreu. | | vétn. |
| Java. | Iles de la Sonde. | vetang. |
| Bali. | Asie méridionale. | vetang. |
| Finnois. | | vatsi, vatsa. |

## X. *Racine.* BL, PL.

| | | |
|---|---|---|
| Anglais. | | belly. |
| Gallois. | Angleterre. | bol. |
| Erse. | | bolg. |
| Lithuanien. | | pilwas. |

## XI. *Racine.* KB.

| | | |
|---|---|---|
| Tiggry. | Afriq. moyenne. | koubdeha. |
| Ossète. | Caucase. | goubin. |
| Nouvelle-Zélande | Océanie. | kapou. |

## XII. *Racine.* KN.

| | | |
|---|---|---|
| Ostiake. | Sibérie. | koun, kynni. |
| Zyriaine et Permien. | Sibérie. | kynym. |
| Bambara. | Afrique occident. | konon. |
| Ostiake. | Sibérie. | khon. |
| Poumpokolsk. | Sibérie. | kang. |
| Nouvelle-Zélande. | Océanie. | 'koung. |
| Lettonien. | | kounghis. |

## XIII. *Racine.* KR.

| | | |
|---|---|---|
| Japonais. | Asie orientale. | khara (fara). |
| Turc. | Europe et Asie. | karn, karyn koursak. |
| Tchouvache. | Sur le Volga. | khyrym. |

## XIV. *Racine.* KF, DJF.

| | | |
|---|---|---|
| Breton. | France. | coff, hof, covou. |
| Copte. | Afrique septentr. | kaf. |
| Mandchou. | Asie orientale. | khefeli. |
| Arabe. | Asie méridionale. | djévf. |

## XV. *Racine.* KK.

| | | |
|---|---|---|
| Sanskrit. | Asie méridionale. | koukshi. |
| Toungouse. | Sibérie. | khoukito. |
| Vogoul. | Sibérie. | kakar, kakhr, khokhr. |

## XVI. *Racine.* SSR, etc.

| | | |
|---|---|---|
| Bornou. | Afriq. moyenne. | soro. |
| Vogoul. | Sibérie. | sary. |
| Afghan. | Asie. | djira. |

### XVII. *Racine.* T *suivi d'une voyelle, et aussi d'une* N.

| | | |
|---|---|---|
| Chinois. | Asie orientale. | tou, dou. |
| Samoyède-Youratse. | Sibérie. | tiou. |
| Darfour. | Afriq. moyenne. | dia. |
| Guarani. | Amérique mérid. | tie. |
| Berber. | Afrique orientale. | touga. |
| Tagala. | Iles Philippines. | tian. |
| Maghindanao. | Iles Philippines. | tean. |
| Sanskrit. | Asie méridionale. | toundha. |

### XVIII. *Racine.* CHK, etc.

| | | |
|---|---|---|
| Haaussa. | Afriq. moyenne. | chikki. |
| Lesghi. | Caucase. | tchekh. |

### XIX. *Racine.* OUR, OUL.

| | | |
|---|---|---|
| Toungouse. | Sibérie. | our. |
| Caraïbe. | Amérique mérid. | oul. |

### XX. *Racine.* TR, TL.

| | | |
|---|---|---|
| Cornouaille. | France. | tor. |
| Savouan. | Iles de la Sonde. | dollou. |

### XXI. *Racine.* N, *suivi d'une voyelle.*

| | | |
|---|---|---|
| Afghan. | Asie. | nes. |
| Mbaya. | Amérique mérid. | neé. |
| Tcherkesse. | Caucase. | nyba. |

### XXII. *Racine.* KS.

| | | |
|---|---|---|
| Assyrien. | Asie occidentale. | kissa. |
| Hongrois. | | has. |

# BLANC.

## I. *Racine.* GR, KR.

| | | |
|---|---|---|
| Tibétain. | Asie moyenne. | gar. |
| Sanskrit. | Asie méridion. | gauro. |
| Kanara. | Asie méridionale. | gorŏ. |
| Karasse. | Sibérie. | ghyr. |
| Motore. | Sibérie. | kir. |

## II. *Racine.* KH, KG.

| | | |
|---|---|---|
| Lesghi d'Awar. | Caucase. | kaha. |
| Siam. | Inde orientale. | k'haw. |
| Ostiake de Lumpokol. | Sibérie. | kaghi. |

## III. *Racine.* KN.

| | | |
|---|---|---|
| Gallois. | Angleterre. | kann. |
| Breton. | France. | gouen. |
| Latin. | | cand-*idus*. |
| Tchetchentse. | Caucase. | kaïn. |
| Touchi. | Caucase. | kouïn. |
| Coréen. | Asie orientale. | kheïn, han. |
| Kora. | Amér. moyenne. | kouaïnà. |

## IV. *Racine.* HN.

| | | |
|---|---|---|
| Aïmara. | Amérique mérid. | hank'o. |
| Lampoung. | Iles de la Sonde. | handa. |
| Vogoule de Berezov. | Sibérie. | yang. |

## V. *Racine.* GL.

| | | |
|---|---|---|
| Islandais. | | gheal. |
| Kotchimi. | Amérique mérid. | gala. |

### VI. *Racine.* K *précédé d'une voyelle.*

| | | |
|---|---|---|
| Turc. | Europe et Asie. | ak. |
| Mokcha. | Sur le Volga. | akcho. |
| Mordouine. | Sur le Volga. | acho. |
| Makoua. | Afriq. moyenne. | egoou. |

### VII. *Racine.* AL.

| | | |
|---|---|---|
| Caraïbe. | Amér. moyenne. | alou. |
| Latin. | | alb-*us*. |
| Valaque. | | alb. |
| Vieux Allemand. | | alp. |
| Samoyède. | Sibérie septentr. | yalana, ïallina, ïallighe. |
| Mokobi. | Amérique mérid. | ïallagat. |

### VIII. *Racine.* R *précédé d'une voyelle.*

| | | |
|---|---|---|
| Lesghi. | Caucase. | arats. |
| Ossète. | Caucase. | ours. |
| Kitchoua. | Amérique mérid. | yourak. |
| Iakoute. | Sibérie. | ourioun. |

### IX. *Racine.* SR, CHR.

| | | |
|---|---|---|
| Samoyède. | Sibérie. | sirr, syr. |
| Japonais. | Asie orientale. | siro. |
| Kamache. | Sibérie. | sirî. |
| Vogoule. | Sibérie. | sarni, sorni, saïrem. |
| Tchouvache. | Sur le Volga. | chôra. |
| Basque. | | zouri, chouria. |
| Chaldéen de Baszra. | Asie. | sahara. |

X. *Racine.* P, B, W, *suivis d'une voyelle.*

| | | |
|---|---|---|
| Chinois. | Asie orientale. | pe, pai, bai. |
| Kamakan. | Amérique mérid. | paï. |
| Wolof. | Afrique occident. | véïe. |
| Vogoule de Berezov. | Sibérie. | waïgam. |

XI. *Racine.* BL, VL.

| | | |
|---|---|---|
| Bournou. | Afriq. moyenne. | bull. |
| Slave. | | bèlo, bièlo. |
| Allemand. | | bleich. |
| Français. | | blanc. |
| Estonien. | | balts. |
| Lithuanien. | | baltaï. |
| Finnois. | | valghi. |
| Tamoul. | Asie méridionale. | vellai. |
| Malabar. | Asie méridionale. | vièla. |

XII. *Racine.* BR, PR.

| | | |
|---|---|---|
| Albanais. | Europe mérid. | bard, i-barad. |
| Épirote. | Europe mérid. | barze. |
| Tsingane | ou Bohémien. | parno. |
| Zamouka. | Amérique mérid. | pororo. |
| Tchikita. | Amérique mérid. | pourou. |

XIII. *Racine.* WT, WS, BS.

| | | |
|---|---|---|
| Bas-Allemand, Suédois, Danois, etc. | | wit. |
| Cimbre. | | waith. |
| Islandais. | | hwit. |
| Anglais. | | white. |
| Allemand. | | weiss. |
| Sanskrit. | Asie méridionale. | wishad'ha. |

| | | |
|---|---|---|
| Madagascar. | Mer d'Afrique. | wasa. |
| Copte. | Afrique septentr. | ouwach, ouowch, ouôwh. |
| Wolof. | Afrique occident. | bidiav. |
| Arabe. | Asie méridionale. | baidza. |
| Malai. | Asie méridionale. | pouti. |
| Madagascar. | Mer d'Afrique. | foutch, foutchi. |

## XIV. *Racine*. BN.

| | | |
|---|---|---|
| Irlandais. | | bann. |
| Erse. | | ban. |
| Youkhaghire. | Sibérie. | boïnam, poïnni. |

## XV. *Racine*. LB, LV, LG.

| | | |
|---|---|---|
| Hébreu. | Asie. | laban, lavan. |
| Grec. | | levkos. |
| Chaldéen. | Asie. | livnou. |
| Araucana. | Amérique mérid. | ligh. |

## XVI. *Racine*. FF, PP.

| | | |
|---|---|---|
| Achanti. | Afrique occident. | foufou. |
| Mobba. | Afriq. moyenne. | fefœrrak. |
| Nouvelle-Guinée. | Océanie. | pepoper. |
| Loulé. | Amérique mérid. | poop, pô. |
| Vilèla. | Amérique mérid. | pôp. |
| Yaroura. | Amérique mérid. | boeboe. |

## XVII. *Racine*. SP, SF.

| | | |
|---|---|---|
| Kurde. | Asie occidentale. | spi. |
| Persan. | Asie. | sefîd. |
| Afghan. | Asie méridionale. | spin. |
| Sanskrit. | Asie méridionale. | sveta. |

| | | |
|---|---|---|
| Arménien. | Asie occidentale. | spitak. |
| Beghirma. | Afriq. moyenne. | djaffi. |

XVIII. *Racine.* TB.

| | | |
|---|---|---|
| Copte. | Afrique septentr. | tobo. |
| Mobimah. | Amérique mérid. | taboh. |
| Moxa. | Amérique mérid. | taboh. |

XIX. *Racine.* TCHG, TSG, etc.

| | | |
|---|---|---|
| Samoyède de Narym. | Sibérie. | tchaga. |
| Samoyède du Ket. | Sibérie. | tchiega. |
| Samoyède-Taighi. | Sibérie. | tchiâghian. |
| Mongol. | Asie moyenne. | tsagan. |
| Kalmuk. | Asie moyenne. | tsagan, tchagan. |
| Mandchou. | Asie orientale. | changghian. |
| Kazi-Koumuk. | Caucase. | tchalassa. |

XX. *Racine.* TT, TD.

| | | |
|---|---|---|
| Votiak. | Sur le Volga. | todi. |
| Géorgien. | Asie occidentale. | thethri. |
| Souane. | Caucase. | tetoune. |

XXI. *Racine.* TG, TK, etc.

| | | |
|---|---|---|
| Kotte. | Sibérie. | tegama. |
| Otomi. | Amér. moyenne. | ttékhi. |
| Lesghi de Khoundzakh. | Caucase. | tkhækha. |
| Samoyède de Tomsk. | Sibérie. | tæghi. |
| Samoyède de Mangazéïa. | Sibérie. | doggoudeng. |
| Samoyède-Tavghi. | Sibérie. | dèkagà. |
| Moxa. | Amérique mérid. | tiyâpou. |

| | | |
|---|---|---|
| Brésilien. | Amérique mérid. | tinga. |

## XXII. *Racine.* AD. AT.

| | | |
|---|---|---|
| Danakil. | Afrique orientale. | addou. |
| Galla. | Afrique orientale. | adda. |
| Kamtchatka mérid. | Sibérie. | attykh. |
| Kamtchatka du Tighil | Sibérie. | atkhala. |
| Chiho. | Afriq. moyenne. | addutea. |
| Tahiti. | Océanie. | atatea. |

## XXIII. *Racine.* SD.

| | | |
|---|---|---|
| Tiggry. | Afriq. moyenne. | sâda. |
| Dekan. | Asie méridionale. | sada. |
| Arkikko. | Afrique orientale. | sada. |

## XXIV. *Racine.* N, etc.

| | | |
|---|---|---|
| Éthiopien vulgaire. | Afrique orientale. | netch. |
| Ostiake-Loumpokol | Sibérie. | naghe. |
| Ostiake de Vasyougan. | Sibérie. | niæga. |
| Ostiake de Berezov et de Narym. | Sibérie. | nowi, nâoue, nawe |

# NOIR.

## I. *Racine.* SV, CHV.

| | | |
|---|---|---|
| Allemand. | | schwarz. |
| Vieux Allemand. | | suart. |
| Bas-Allemand. | | schwart. |
| Danois. | | swært, sort. |
| Géorgien. | Asie occidentale. | chawi. |
| Persan. | Asie. | siâh. |
| Ossète. | Caucase. | zau, zaw. |

| | | |
|---|---|---|
| Samoyède du Ket et de Timsk. | Sibérie. | saghe, siaghe. |
| Arménien. | Asie occidentale. | siav. |
| Kamache. | Sibérie. | sagry. |
| Sanskrit. | Asie méridionale. | shyâma. |
| Mingrélien. | Caucase. | chambi. |
| Tcheremisse. | Sur le Volga. | chimæ. |
| Mobimah. | Amérique mérid. | tchamma. |

II. *Racine.* KM.

| | | |
|---|---|---|
| Copte. | Afrique septentr. | kami, game. |
| Coréen. | Asie orientale. | k'omen. |
| Mondjou. | Afrique. | kampériou. |

III. *Racine.* KR, etc.

| | | |
|---|---|---|
| Turc. | Asie et Europe. | kara. |
| Mongol. | Asie moyenne. | kara, khara. |
| Beghirma. | Afriq. moyenne. | kirry. |
| Araucana. | Amérique mérid. | kouri. |
| Maïpoura. | Amérique mérid. | kouri. |
| Japonais. | Asie orientale. | kouroï. |
| Tchouvache. | Sur le Volga. | khora. |
| Chaldéen de Baszra. | Asie occidentale. | kourme. |
| Kourile. | Asie orientale. | ẚ-koukoko. |
| Malabar. | Asie méridionale. | karoûtat. |
| Galla. | Afrique occident. | gouracha. |
| Irlandais. | | kïar. |
| Vilèla. | Amérique mérid. | kirimît. |
| Sanskrit. | Asie méridionale. | krchne, kârchya. |
| Slave. | | tcherno. |
| Hébreu. | Asie. | chohor. |

### IV. *Racine.* NR, NL.

| | | |
|---|---|---|
| Italien, Espagnol, Portugais. | | nero. |
| Latin. | | nigr-*um*. |
| Sanskrit. | Asie méridionale. | nila. |
| Hindoustâni. | Asie méridionale. | nil. |
| Wolof. | Afrique occident. | nioule. |

### V. *Racine.* NK.

| | | |
|---|---|---|
| Tibétain. | Asie moyenne. | nag. |
| Birman. | Inde orientale. | næk. |
| Maya. | Amér. moyenne. | neck. |
| Koriaike. | Asie orientale. | nooukin. |
| Tchouktche. | Asie orientale. | nioughin. |

### VI. *Racine.* T *ou* D *suivis d'une voyelle.*

| | | |
|---|---|---|
| Guarani. | Amérique mérid. | tou. |
| Gallois. | Angleterre. | dou. |
| Breton. | France. | dou. |
| Cornouaille. | France. | diou. |
| Ancien Allemand. | | dou. |
| Irlandais. | | dubh. |
| Danakil. | Afriq. moyenne. | doutta. |
| Chiho. | Afriq. moyenne. | douttea. |

### VII. *Racine.* DK, TK.

| | | |
|---|---|---|
| Darfour. | Afriq. moyenne. | deko, dikka. |
| Amhara. | Afrique occident. | toukkor. |
| Arménien. | Asie occidentale. | toukh. |
| Moxa. | Amérique mérid. | tikîso. |
| Kora. | Amér. moyenne. | tekhouma. |
| Kamtchatka du Tighil. | Sibérie orientale. | tyhan. |

## VIII. *Racine.* TM.

| | | |
|---|---|---|
| Tonquin. | Inde orientale. | tham. |
| Argoubba. | Afriq. moyenne. | teêm. |
| Poumpokolsk. | Sibérie. | touma. |
| Assane. | Sibérie. | touma. |
| Kotte. | Sibérie. | thouma. |
| Malai. | Asie méridionale. | ètam, hitam. |
| Achanti. | Afrique occident. | tintoum. |

## IX. *Racine.* TL, DL, TR, DR.

| | | |
|---|---|---|
| Mexicain. | Amér. moyenne. | tliltic. |
| Chullouk. | Afrique septentr. | dyil. |
| Lesghi d'Antzoukh et de Tchar. | Caucase. | dir. |
| Persan. | Asie orientale. | tîr, tîreh. |
| Anglais. | | dark. |

## X. *Racine.* TSL, SL.

| | | |
|---|---|---|
| Arabe. | Asie occidentale. | dzelim. |
| Bournou. | Afriq. moyenne. | sellem. |
| Affadeh. | Afriq. moyenne. | tselim. |
| Arkikko. | Afrique orientale. | salim. |
| Tiggry. | Afrique orientale. | salim, selim. |
| Loulé. | Amérique mérid. | tsele. |

## XI. *Racine.* KL.

| | | |
|---|---|---|
| Sanskrit. | Asie méridionale. | kala. |
| Tsingane | ou Bohémien. | kalo. |
| Mahratte. | Asie méridionale. | kal. |
| Loulé. | Amérique mérid. | kelep. |

## XII. *Racine.* KTS.

| | | |
|---|---|---|
| Kiriri. | Amérique mérid. | kotsô. |
| Altékesek-Abaze. | Caucase. | kaïtcha. |
| Kouchhasib-Abaze. | Caucase. | e-kotso. |

## XIII. *Racine.* BL.

| | | |
|---|---|---|
| Sakkatou. | Afriq. moyenne. | bala. |
| Savouan. | Iles de la Sonde. | boulla. |
| Anglais. | | black. |
| Basque. | | baltz, beltz. |

## XIV. *Racine.* OUL.

| | | |
|---|---|---|
| Caraïbe. | Amérique mérid. | ouliti. |
| Iles des Amis. | Océanie. | ouli. |

## XV. *Racine.* OU, HOU.

| | | |
|---|---|---|
| Chinois. | Asie orientale. | ou, ngou. |
| Guarani. | Amérique mérid. | hoû. |
| Chinois. | Asie orientale. | he. |

## XVI. *Racine.* MD, MT, MS.

| | | |
|---|---|---|
| Somauli. | Afriq. moyenne. | meddo. |
| Tagala. | Iles Philippines. | maïton. |
| Sanskrit. | Asie méridionale. | metchaka. |
| Finnois. | | mousta. |
| Finnois de Carélie. | | mouchta. |

## XVII. *Racine.* BK, PG.

| | | |
|---|---|---|
| Hauassa. | Afriq. moyenne. | bekki. |
| Ostiake. | Sibérie. | pikhlo. |
| | | poukhtche. |
| | | pouikhte. |
| | | pygghete. |
| | | pygghitiæ. |

# ROUGE.

I. *Racine.* R, *suivi d'une voyelle,* RN, RT, RS, RK.

| | | |
|---|---|---|
| Suédois et danois. | | rœd. |
| Roman. | | ro. |
| Bengal. | Asie méridionale. | rongga. |
| Aïmara. | Amérique mérid. | rone. |
| Sette-Communi. | | ront. |
| Allemand. | | roth. |
| Sanskrit. | Asie méridionale. | rôhita. |
| Cimbre. | | roat. |
| Anglais. | | red. |
| Hollandais. | | root. |
| Frison. | | rud. |
| Illyrien. | | rudno. |
| Islandais. | | raudur. |
| Lithuanien. | | raudoni. |
| Anglo-saxon. | | read. |
| Hindoustâni. | Asie méridionale. | râtâ. |
| Irlandais et Erse. | | raudh. |
| Gallois. | Angleterre. | riod. |
| Cornouaille. | France. | rid. |
| Breton. | France. | rus. |
| Italien. | | rosso. |
| Napolitain. | | russo. |
| Valaque. | | rochu. |
| Finnois de Carélie. | | rouchkie. |
| Finnois d'Olonets. | | rouskeï. |
| Espagnol. | | rocho. |
| Grec. | | e-rythros. |
| Latin. | | rufus. |

| | | |
|---|---|---|
| Lapon. | | ruoposes. |
| Latin. | | ruber, rubeus. |
| Roman. | | rob. |
| Sanskrit. | Asie méridionale. | rakta. |
| Mokobi. | Amérique mérid. | roek. |
| Français. | | rouge. |

II. *Racine*. L *suivi d'une voyelle et d'une consonne.*

| | | |
|---|---|---|
| Sanskrit. | Asie méridionale. | lôhita. |
| Hindoustâni. | Asie méridionale. | lalit. |
| Persan. | Asie occidentale. | lâl. |
| Tsingane | ou Bohémien. | lolo. |
| Loulé. | Amériq. mérid. | lapsp. |

III. *Racine*. MR.

| | | |
|---|---|---|
| Malai. | Asie méridionale. | méra, mirah. |
| Tibétain. | Asie moyenne. | mar. |
| Persan. | Asie occidentale. | mârdi. |

IV. *Racine*. FL, PL.

| | | |
|---|---|---|
| Mandchou. | Asie orientale. | foulghiæn. |
| Tagala. | Iles Philippines. | poula. |
| Abak. | Iles Philippines. | poula. |

V. *Racine*. AD.

| | | |
|---|---|---|
| Hébreu. | Asie. | adom. |
| Souake. | Afriq. moyenne. | addaro. |

VI. *Racine*. PK.

| | | |
|---|---|---|
| Darfour. | Afriq. moyenne. | phoukka. |
| Kitchoua. | Amérique mér. | pouka, pako. |
| Affadeh. | Afrique occident. | pheoh. |

| | | |
|---|---|---|
| Kitena. | Amérique mérid. | pouka. |
| Kongo. | Afrique mérid. | boua, binga. |

VII. *Racine.* KM.

| | | |
|---|---|---|
| Bornou. | Afriq. moyenne. | kemmy. |
| Arabe. | Asie occidentale. | khæmræi. |
| Assyrien. | Asie occidentale. | khamra. |

VIII. *Racine.* AK.

| | | |
|---|---|---|
| Béghirma. | Afriq. moyenne. | akie. |
| Vogoul. | Sibérie. | auki. |
| Japonais. | Asie orientale. | akal. |
| Bambara. | Afrique occid. | akabeï. |

IX. *Racine.* KS, KTS, KTCH.

| | | |
|---|---|---|
| Turc. | Europe et Asie. | kizyl. |
| Grison. | | kotchen. |
| Mexicain. | Amér. moyenne. | kostik. |
| Kongo. | Afrique méridion. | koussouka. |
| Kiriri. | Amérique mérid. | koutsou. |
| Altékesek-Abaze. | Caucase. | kaïtcha. |
| Kouchhasib-Abaze. | Caucase. | e-kotso. |

X. *Racine.* KL, GL.

| | | |
|---|---|---|
| Berber. | Afriq. moyenne. | ghelka. |
| Doungala. | Afriq. moyenne. | gheligh. |
| Iles des Amis. | Océanie. | goula. |
| Araucana. | Amérique mérid. | kolou. |
| Vogoul. | Sibérie. | keln, kelban. |
| Youkaghire. | Sibérie septentr. | kelenni. |
| Toungouse. | Sibérie orientale. | kolarin, koularin, kholarin. |

## XI. *Racine.* KR, GR.

| | | |
|---|---|---|
| Basque. | | gorri. |
| Zyriaine. | Sibérie. | goïrd. |
| Permien. | Sibérie. | gorde, ghird. |
| Tchouvache. | Sur le Volga. | khirle. |
| Votiake. | Sur le Volga. | gordi. |
| Turc. | Europe et Asie. | kyrmezi. |
| Arménien. | Asie méridionale. | k'armir. |
| Andi. | Caucase. | hiri. |
| Iles Pelew. | Océanie. | koreïk. |
| Toungouse. | Asie orientale. | goorin. |
| Tchapoghire. | Sibérie. | khorin. |
| Nouvelle-Zeelande. | Océanie. | koura. |
| Géorgien. | Asie occidentale. | kheri (*roux*). |

## XII. *Racine.* TCHR, DR, *analogue à la précédente.*

| | | |
|---|---|---|
| Slave. | | tchermno, tchervleno. |
| Copte. | Afrique septentr. | threch, thrôch. |
| Irlandais. | | dearg. |
| Erse. | | dærg. |

## XIII. *Racine.* BR, VR.

| | | |
|---|---|---|
| Hongrois. | | piros. |
| Grec. | | pyrrhos. |
| Chullouk. | Afriq. moyenne. | phirr. |
| Guarani. | Amérique mérid. | pira. |
| Toupi. | Amérique mérid. | piranga. |
| Portugais. | | vermelho. |
| Hongrois. | | veres. |
| Antsoukh. | Caucase. | baaram. |

| | | |
|---|---|---|
| Dido. | Caucase. | vaaram. |
| Estonien. | | verrev. |
| Vogoul. | Sibérie. | ouvor, ouren, your, our, vur. |
| Ostiake. | Sibérie. | vyrti, yrto, vyrte. |
| Iles de la Société. | Océanie. | ouraura. |
| Bali. | Asie méridionale. | barak. |
| Lesghi-d'Avar. | Caucase. | baaram. |
| Andi. | Caucase. | iri. |
| Tahiti. | Océanie. | ura (V. *Rac.* I). |

XIV. *Racine.* SR.

| | | |
|---|---|---|
| Persan. | Asie occidentale. | sourkh. |
| Kurde. | Asie occidentale. | sour, sarkh, sor, sora. |
| Ossète. | Caucase. | syrkh. |
| Dougor. | Caucase. | sourkh. |
| Lettonien. | | sarkansk. |
| Kotte et Assane. | Sibérie. | chourama. |

XV. *Racine.* KK, KNG, KN.

| | | |
|---|---|---|
| Breton. | France. | kok. |
| Gallois. | Angleterre. | kokh. |
| Copte. | Afrique septentr. | kokkos. |
| Grec moderne. | | kokkinon. |
| Albanais. | Europe mérid. | kouikh. |
| Mobba. | Afriq. moyenne. | koukea. |
| Aggrouba. | Afrique orientale. | kâhheh. |
| Tiggry. | Afrique orientale. | keïyikh. |
| Mokobi. | Amérique mérid. | kogni. |
| Chinois. | Asie orientale. | khoung, hong. |
| Arabe. | Asie occidentale. | kâani. |

XVI. *Racine.* CH, S, TCH, T, *suivis d'une voyelle et d'une consonne.*

| | | |
|---|---|---|
| Siooux. | Amérique sept. | châh. |
| Omawhaw. | Amérique sept. | chida. |
| Oto. | Amériq. septent. | choudya. |
| Vilèla. | Amér. moyenne. | soukete. |
| Maya. | Amér. moyenne. | tchak. |
| Iles Mariannes. | Océanie. | tchougaga. |
| Dido. | Caucase. | tsouda. |
| Géorgien. | Asie occidentale. | tsiti, tsitéli, tsits. |
| Mingrelien. | Asie occidentale. | tchita. |
| Moxa. | Amérique mérid. | titsi. |

XVII. *Racine.* OUL.

| | | |
|---|---|---|
| Mongol. | Asie moyenne. | oulan. |
| Lamoute. | Sibérie. | oulati. |
| Toungouse. | Sibérie orientale. | oularin (V. *Rac.* X). |

## § XXVII.

*Comparaison de mots basques avec des mots d'autres langues de notre hémisphère.*

Ces comparaisons sont pour la plupart tirées du premier tome des *Mémoires relatifs à l'Asie*, par M. Klaproth. L'idiome basque a été jusqu'à présent la pierre d'achoppement des linguistes. Nous allons cependant voir que cet idiome présente une foule d'analogies avec les autres. Un grand nombre de mots latins, espagnols, français, admis dans la langue basque, est souvent défiguré par des voyelles préfixes qui ne font pas partie de la langue; ces mots, par cette raison, n'ont pas été pris en considération dans ces rapprochemens. Il n'échappera pas au lecteur instruit, qu'en basque, les terminaisons *arra*, *arria*, *urra*, *uria*, *oa*, *ea*, *ia*, *guia*, etc., ne sont que des appendices, et doivent être retranchées; il en est souvent de même des initiales *a* et *o*, suivant l'observation de Bullet. Les mots basques se trouvent écrits ci-dessous d'après la manière du pays, c'est-à-dire à la française : les mots comparés de même. Ceux-là sont tirés de préférence du vocabulaire de M. *G. de Humbold* (Mithridates, vol. IV) et de la *Grammatica Escuaraz eta Francesez d'Harriet; Bayonne*, 1742, in-8°. La seconde partie de cet ouvrage, aujourd'hui très-rare, renferme un vocabulaire.

| | | | |
|---|---|---|---|
| Air. | aisea. | Finnois. | aïsseb. |
| Ciel. | serua, cerua. | Sanskrit. | souria. |
| Soleil. | ekia. | Samoyède. | éga. |
| Lune. | illa. | Samoyède. | illanda. |
| Etoile. | izarra, zarra. | Berber. | itsri (*plur.* itsrane). |
| | | Gallois. | seren. |
| | | Hindoustâni. | djarré. |
| Pluie. | uria. | Assane et Kotte. | ouri. |
| Gelée blanche. | bitsuria. | Persan. | peje, pejéh. |
| Grêle. | gavia. | Hébreu. | gavich. |
| Flocon de neige. | tela. | Chaldéen. | telag. |
| Glace. | loya. | Finnois. | loo, loyou (*neige*). |
| Froid. | otza. | Ostiake. | itchik. |
| Eclair. | chimista. | Turc. | chimchek. |
| Feu. | sua. | Samoyède. | sou. |
| | | Arabe. | ssouar. |
| Flamme. | garra. | Sanskrit. | k'hara (*grande chaleur*). |
| | carra. | Arabe. | hhark. |
| Fumée. | guea. | Tchar. | koui. |
| | | Samoyède. | kwoé. |
| Lumière. | arguia. | Hébreu. | or. |
| Clair. | acena. | Turc. | atchik. |
| Ombre. | itzala. | Arabe. | dsyll. |
| Mer. | itsasoa. | Arabe. | adjous. |
| Eau. | ura, ur. | Madécasse. | our. |
| | | Youkaghire. | oul, ouhl. |
| Terre. | erria. | Chaldéen. | era'a. |

| | | | |
|---|---|---|---|
| Poussière. | autza. | Persan. | âdjak. |
| Sable. | kaska. | Ieniseln. | khase, khiase. |
| | | Samoyède. | kotcha. |
| Pierre. | harria. | Gallois. | harreg. |
| | | Persan. | khârâ. |
| Frontière. | muga. | Ostiake. | moukout. |
| | | Tchetchentse. | moukhou. |
| Chaux. | carea. | Chaldéen. | ghira. |
| | | Arabe. | k'irse. |
| Champ. | larrea. | Ostiake. | lærr. |
| Rocher. | aitza. | Japonais. | issi. |
| | acha. | Permien. | iss. |
| Forêt. | basoa. | Samoyède. | pas. |
| | oyana. | Mongol. | oy. |
| Broussailles. | basoa. | Persan. | bicheh. |
| | | Allemand. | busch. |
| Marais. | lupetsa. | Ostiake. | lépéte. |
| Boue. | balxa. | Turc. | baltchik. |
| Prairie. | soroa. | Samoyède. | seior. |
| Sel. | gutza. | Permien. | katchi. |
| Argent. | cillarra. | Allemand. | silber. |
| | | Anglais. | silver. |
| Ville. | iria. | Hébreu. | 'ir. |
| Chèvre. | auntza. | Arabe. | 'ans. |
| Cheval. | caldia. | Albanais. | kal. |
| Cheval sauvage | zamaria. | Zyriaine. | khamoura. |
| Chien. | potzu. | Allemand. | betze. |
| | | Russe. | pess, pessik. |
| Cochon. | charria. | Hindoustâni. | souaër. |
| | chakurra. | Sanskrit. | koukourra. |
| | | Persan. | koukour. |

| | | | |
|---|---|---|---|
| Bœuf. | idia. | Motore. | udda. |
| | | Gallois. | eidion. |
| Vache. | behja. | Turc. | bouga, boga. |
| Chat. | gatua. | Italien. | gato. |
| | | Arabe. | k'ytt. |
| Cerf. | orêna. | Toungouse. | oron. |
| Ours. | harcac. | Persan. | khyrs. |
| | art'sa. | Ossète. | ars. |
| Loup. | otsoa. | Arabe. | assas, adjous. |
| Renard. | azeria. | Arabe. | hedjres. |
| Lièvre. | erbia. | Arabe. | erneb. |
| Oiseau. | choria. | Samoyède. | souroum, sorom. |
| Aile. | egaa. | Hébreu. | egaf. |
| Vautour. | buzoca. | Persan. | baz. |
| Corbeau. | e-rroya. | Allemand. | rabe. |
| Perdrix. | e-perra. | Persan. | perper, ferfer. |
| Poisson. | arraya. | Tcherkesse. | arg, arýe. |
| | | Samoyède. | harra, kharra. |
| Crapaud. | zapoa. | Hébreu. | dzab. |
| Puce. | cucuse. | Persan. | keïk. |
| Hérisson. | sagarroya. | Persan. | saghâr, saghr. |
| Agneau. | arcumea. | Arabe. | a'righ. |
| | umeria. | Chaldéen. | immera. |
| | | Arabe. | immer. |
| | | | ou'mrouse. |
| Mouton. | ardia. | Touchi. | arlhé. |
| | | Èstonien. | yar. |
| Bois. | zura. | Arménien. | dsar. |
| Bâton. | maguila. | Hébreu. | mak'el. |
| Feuille. | orria. | Arabe. | ouerk. |

| | | | |
|---|---|---|---|
| Racine. | erroa. | Arabe. | y'rk'. |
| Vaisseau. | sesca. | Turc. | sæs. |
| Grain, semence. | bihia. | Sanskrit. | bidja. |
| Avoine. | oloa. | Turc. | youlouf. |
| Blé. | artoa. | Grec. | artos. |
| Raisin. | matsa. | Boukhare. | maïsi. |
| | | Estonien. | mesi, masi. |
| Pomme. | segarra. | Persan. | soughrour. |
| Prune. | arana. | Turc. | arik. |
| Maturité. | aroa. | Turc. | arich. |
| Nuque. | garronoda. | Persan. | gherdân. |
| Tête. | pen. | Finnois. | penkè. |
| Cheveux. | ulea. | Slave. | wolos. |
| Nez. | sudurra. | Mordouine. | souda. |
| Bouche. | aoa. | Nogaï et Bachkire. | aoz, awoz. |
| Dent. | ortza. | Arabe. | a'rys. |
| Joue. | autza. | Arabe. | idzar. |
| Oreille. | bellaria. | Vogoul. | bel, pel. |
| Barbe. | bizarra. | Ossète. | botso. |
| Crâne. | cosca. | Persan. | kaseh. |
| Poitrine. | bularra. | Arabe. | beled. |
| Genou. | belana. | Samoyède. | poul, poule. |
| Pied. | oyna. | Samoyède. | ougo. |
| Sang. | o-dola. | Arabe. | tolla. |
| Doigt. | atza. | Hébreu. | etsba. |
| Bras. | besoa. | Persan. | basou. |
| Veine. | zana. | Arabe. | chân. |
| Urine. | pisya. | Persan. | pichar. |
| | chysia. | Persan. | chacha. |
| | cerisuria. | Nabathéen. | chirsek. |

| | | | |
|---|---|---|---|
| Viande. | araguia. | Arabe. | ark' (*os avec la viande*). |
| | | Grec. | sarx. |
| Moële. | hunna. | Arabe. | hennéh. |
| Peau. | a-chala. | Hindoustâni. | djéli. |
| Homme. | guizon. | Caucase. | gots. |
| Voix. | oihuança. | Persan. | aouaza, awaz. |
| Sourd. | gorra. | Persan. | ker, kéri. |
| | | Arabe. | khors. |
| Aveugle. | ichua. | Arabe. | achi. |
| Homme. | arra. | Turc. | ar, er. |
| | | Kalmuk. | arre. |
| Père. | aita. | Turc. | ata. |
| Mère. | ama. | Mandchou. | ama. |
| Fils. | ilo. | Turc. | oul. |
| Nourrice. | ana. | Mandchou et Turc. | ana (*mère*). |
| Baiser. | apa. | Turc. | opouch. |
| Fille. | nesca | Hébreu. | nach. |
| | | Estonien. | netchit. |
| | | Samoyède. | neatsuké. |
| Seigneur. | iauna. | Arabe. | a'in. |
| Garde. | zaina. | Arabe. | ziyan. |
| Fièvre. | sukharra. | Arabe. | ssekat. |
| Sac. | çurruna. | Persan. | chiran. |
| Clef. | guilça. | Persan. | kilid. |
| Filet. | sarca. | Arabe. | charkah. |
| Fosse, trou. | lezoya. | Arabe. | ledjef. |
| | odia. | Telèoute. | oïdouk. |
| Troupe. | mulçua. | Sanskrit. | mila. |
| Vaisseau. | ontzia. | Samoyède. | onou. |
| | | Toungouse. | ongosou. |

| | | | |
|---|---|---|---|
| Nid. | oea, ohea. | Turc. | ouia. |
| Nom. | icena. | Arabe. | ism, issem. |
| Sifflement. | hichtua. | Persan. | hicht. |
| Songe. | ametsa. | Mandchou. | amou. |
| Traîneau. | nara. | Kamtchatka. | narta. |
| Trou. | ciloa. | Persan. | soulokh. |
| Vestige. | atzarma. | Arabe. | atsir |
| Vol. | ohorga. | Turc. | ogor (*voleur*). |
| | soilla. | Hébreu. | chalal. |
| Zèle. | kharra. | Arabe. | kharr. |
| Dormir. | lo, loa. | Souake. | louri. |
| Mourir. | il. | Turc. | œl-mek. |
| Tuer. | hilcea. | Sanskrit. | houla. |
| Peur. | baldur. | Persan. | bâliden (*avoir peur*). |
| Plaie. | zauria. | Arabe. | djarh'. |
| Manger. | ian. | Samoyède. | ieng. |
| Age, maturité. | adina. | Chaldéen. | i'dan, a'tyk. |
| Crime. | hobeka. | Arabe. | h'aubeh. |
| Douleur. | mina. | Persan. | mân. |
| Examiner. | aratu. | Turc. | ara-*mak*. |
| Travers. | oquerra. | Turc. | égri, eïri. |
| Bon. | ona. | Turc. | onât. |
| Blanc. | zuri. | Samoyède. | sirr, syr. |
| | | Vogoul. | sar, sorni. |
| Rouge. | gorri. | Votiake. | gorde. |
| Dur, fort. | zailla. | Arabe. | djal, sal. |
| Faible, paresseux. | lachoa. | Persan. | lachah. |
| Creux. | khaba. | Persan. | gabour (*fosse*). |
| | | Assyrien. | gouiba. |

| | | | |
|---|---|---|---|
| Grand. | andia. | Samoyède. | annia. |
| Haut. | goia. | Hébreu. | gaâh. |
| | | Chinois. | gao, kao. |
| Léger. | arina. | Youkaghire. | arangya. |
| | | Arabe. | ra'ine. |
| Mou. | guria. | Arabe. | khary. |
| Paresseux. | aroya. | Persan. | aroûne. |
| Peu. | guti. | Arabe. | kyt. |
| | guichi. | Arabe. | kidz. |
| Pointu. | zorrotzo. | Arabe. | sarati. |
| Lisse. | leuna. | Arabe. | leïn. |
| Puissant. | al, ahal. | Hébreu. | él. |
| Pur. | aratza. | Arabe. | aris. |
| | | Turc. | ari. |
| Réjoui. | potzou. | Arabe. | badjah. |
| Sec. | i-durra. | Allemand. | durr. |
| | agorra. | Hébreu. | a'kar. |
| | | Japonais. | kara. |
| | | Mongol. | khoraï. |
| | | Turc. | kourou. |
| Fin. | bera. | Persan. | barik. |
| | guria. | Arabe. | khara'. |
| Vieux. | zer. | Persan. | sar. |
| | caharra. | Turc. | kary, kart. |
| Vite. | sari. | Arabe. | sira. |

## § XXVIII.

*Mots coptes comparés avec des mots d'autres langues.*

On a cru pendant long-temps que la langue copte n'offrait aucune ressemblance avec les autres idiomes du globe, et un savant orientaliste a soutenu cette thèse ; cependant M. Klaproth (1) a prouvé que la langue de l'Égypte ne faisait pas exception à la règle générale. Nous donnons ici les rapprochemens que ce savant a présentés, et nous en ajouterons quelques-uns qui montreront des ressemblances fréquentes du copte avec plusieurs autres idiomes.

| | | | |
|---|---|---|---|
| Ciel. | neïfioui. | Breton. | nef. |
| | | Gallois. | neew. |
| | | Slave. | nebo. |
| Soleil. | ri. | Hindoustâni. | reb. |
| Lune. | ioh. | Chinois. | yue. |
| | | Turc. | aï. |
| Étoile. | siou. | Vogoul. | soou. |
| Brouillard. | nif'. | Allemand. | neb-*el*. |
| | | Latin. | nub-*es*(*nuage*). |
| Matin. | chorn. | Tcheremisse. | chorah. |
| Soir. | rouhi. | Zyriaine. | rout, ryt. |
| Nuit. | e-djorb. | Tchouvache. | sior. |
| Terre. | kahi. | Persan. | khak. |
| Feu. | khrom. | Latin. | crem-*are* (*brûler*). |
| | koht. | Kotte, Arintse. | khot. |

(1) *Mémoires relatifs à l'Asie*, Paris, 1824, vol. 1, p. 205.

| | | | |
|---|---|---|---|
| Eau. | moou. | Toungouse. | mou. |
| Rivière. | iaro. | Tchar. | hiar. |
| | | Persan. | argo. |
| Mer. | yom. | Chinois. | yang. |
| Chemin. | hir. | Mordouine. | kir. |
| Poussière. | chich. | Vogoul. | setch. |
| Sable. | cho. | Chinois. | cha. |
| | | Persan. | |
| Argile. | lôihi. | Boukhare. | loui, laï. |
| | | Tourcoman. | |
| Père. | iôt. | Tcherkesse. | iada. |
| Fils. | chir. | Mordouine. | zura. |
| | | Mokcha. | suras. |
| Fille. | cher. | Kachoube. | sourka. |
| | | Souake. | sourag. |
| Époux. | haï. | Permien. | aïkou. |
| Épouse. | jimi. | Ostiake. | imi. |
| Mort (la). | mou. | Arménien. | mah. |
| Garçon. | alou. | Assane. | iali. |
| | | Turc. | oulou, oglou. |
| Tête. | afe, ape. | Iles des Amis. | oupo. |
| | | Iles Sandwich. | ipo. |
| | | Wolof. | bope. |
| | djodj. | Hindoustâni. | sis. |
| | | Kamtchatka. | tchycha. |
| Cheveux. | foï. | Chinois. | fa. |
| Front. | khaf. | Breton. | kef. |
| Nez. | chaï. | Tcherkesse. | chie. |
| Bouche. | ro. | Russe. | rot. |
| Langue. | las. | Arménien. | lesou. |
| | aspi. | Abaze. | ips. |

| | | | |
|---|---|---|---|
| Barbe. | mort. | Arménien. | morousk. |
| Cou. | mot. | Dido. | metch. |
| Œil. | val. | Géorgien. | twali. |
| Peau. | chol. | Andi. | tsiol. |
| Dos. | jissi. | Iakoute. | sissi. |
| Épaule. | moti. | Samoyède. | moude. |
| Poitrine. | mestenhit. | Mordouine. | meïste. |
| Main. | tote. | Touchi. | tota. |
| | djidj. | Finnois. | tchessy. |
| Doigt. | tsib. | Chinois. | tchi. |
| Pied. | fat, pat. | Sanskrit. | pad. |
| | | Zend. | pade. |
| | | Goth. | fot. |
| | jalodj. | Finnois. | jalga. |
| Derrière. | fota. | Latin. | podex. |
| Genou. | keli. | Lithuanien. | kiélis. |
| | | Tchouvache. | khale. |
| Os. | kas. | Slave. | kost. |
| | | Tcherkesse. | kouchha. |
| | | Haaussa. | kachi. |
| Odeur. | sthoi. | Tcherkesse. | soou. |
| Cœur. | hit. | Romane. | het. |
| Bœuf. | ehe. | Breton. | ekh. |
| Vache. | vahsi. | Français. | vache. |
| Veau. | mos. | Zyriaine. | mos, mes. |
| | | Grec. | mochos. |
| Bouc. | varnit. | Slave. | baran. |
| Chèvre. | jahsi. | Mordouine. | saæ. |
| Mouton. | hiev. | Anglais. | ewe. |
| | | Latin. | ovis. |
| Oiseau. | halit. | Latin. | ales (alitis). |

| | | | |
|---|---|---|---|
| | | Lappon. | haletab (*voler*). |
| Beurre. | jeli. | Tcheremisse. | skali. |
| Lait. | erôt. | Souake. | erdje. |
| Chien. | ouhor. | Océanie. | ouri. |
| Cheval. | htho. | Kazi-Koumuk. | tchou. |
| Chat. | chav. | Français. | chat. |
| Ours. | lavoï. | Mandchou. | lefou. |
| Vautour. | baïs, vaïs. | Persan. | bâz. |
| | | Allemand. (*chasser avec des faucons.*) | baitzen. |
| Poule. | halit. | Awar. | heleko. |
| | | Grec. | alektor. (V. *oiseau.*) |
| Poisson. | tevt. | Géorgien. | tevzi. |
| Mur. | zobt. | Latin. | septum. |
| Maison. | ïi. | Turc. | oui. |
| | | Nogaï et Khiva | iv. |
| Charrue. | hevi. | Afghan. | ïivi. |
| Hache. | kelebi. | Finnois. | kervis. |
| | madji. | Portugais. | machado. |
| Arc. | fit. | Permien. | vutch. |
| Flèche. | zati. | Latin. | sagitta. |
| | | Italien. | saetta. |
| | | Gallois. | saeth. |
| Joug. | nabef. | Votiake. | nypy. |
| Filet. | chne. | Français. | seine. |
| Nacelle. | djoï. | Toungouse. | djaw, djau. |
| Charbon. | djebs. | Tcheremisse. | chuv. |
| Cercle. | chjour. | Mordouine. | sourk. |
| | | Tchouvache. | sourou. |

| | | | |
|---|---|---|---|
| Aliment. | péri. | Géorgien. | p'ouri (*pain*). |
| Froment. | souo. | Zyriaine. | siou. |
| Orge. | iot. | Votiake. | iede. |
| | | Permien. | id. |
| Racine. | rot. | Anglais. | root. |
| Voix. | smi. | Tchéremisse. | sem. |
| | hrou. | Islandais. | raust. |
| Froid. | hodj. | Zyriaine. | kodjit. |
| | djaf. | Turc. | sooukh. |
| Facile. | asiaï. | Anglais. | easy. |
| Grand. | naa. | Vogoul. | nad. |
| Petit. | koudji. | Turc. | kïtchi. |
| | chim. | Tchetchentse. | djouma. |
| Beau. | ouem. | Kamache. | amiem. |
| | sai. | Tcheremisse. | saï. |
| Epais. | oumot. | Tchouvache. | houm. |
| Blanc. | ouovch. | Tcheremisse. | ocho. |
| Verd. | lik. | Permien. | lis. |
| | nidji. | Zyriaine. | nudjivis. |
| Tronc. | khaf. | Français. | cep. |
| | | Allemand. | schaft. |
| Bois. | vo, vô. | Anglais. | wood. |
| | | Tchouvache. | vodda. |
| | | Tchéremisse et Permien. | pou. |
| Acier. | stali. | Allemand. | stahl. |
| Champ. | koï. | Ostiake. | kouï. |
| Frontière. | avridj. | Ossète. | avadj. |
| Ville. | vaki. | Vogoul. | vach, vatch. |
| Haut. | jossi. | Vogoul. | joujit. |
| Profond. | chik, chok. | Moultani. | djeka. |

| | | | |
|---|---|---|---|
| Montagne. | toou. | Turc. | tau, tav, tagh-gue. |
| Colline. | tsal. | Vogoul. | sal. |
| Air. | aer. | Latin. | aer. |
| Vapeur. | choïch. | Tchéremisse. | chochko. |
| Trou. | ouatsni. | Ostiake. | ouys. |
| Fosse. | chik. | Persan. | tchog. |
| | | Tchetchentse. | tchag. |
| Fossé. | ior. | Turc. | or. |
| Ecorce. | kok. | Turc. | kouk, kiouk. |
| Feuille. | djovi. | Samoyède. | tchabe. |
| Fruit. | ouatah. | Votiake. | oudani. |
| Semence. | so. | Anglais. | sow (*semer*). |
| Plante. | sim. | Persan. | tchemen. |
| Semer. | sat, set. | Allemand. | saat, saët. |
| | | Lapon. | saéte. |
| Cuir. | fossi. | Votiake. | pyst. |
| Frapper. | tchav. | Ossète. | tsav. |
| | michi. | Lithuanien. | massoun. |
| Arroser. | nodj. | Allemand. | nætzen. |
| Manger. | ouem. | Russe. | iem. |
| Mêler. | moudjt. | Latin. | miscere. |
| | | Allemand. | mischen. |
| Donner. | tïi, di. | Slave. | daï. |
| | | Latin. | da. |
| Non, point. | an. | Zend. | ân. |
| | | Lesghi deDido. | anou. |
| Moi. | apok. | Tchéremisse. | abe. |
| Sus. | choï. | Français. | sus. |
| Sueur. | fot. | Russe. | pot. |
| Ruban, lien. | fach. | Allemand. | fessel. |
| | | Latin. | fascia. |

| | | | |
|---|---|---|---|
| Cavité. | khol. | Allemand. | hohl. |
| Tombeau. | mhau. | Chinois. | mou. |
| Batelier. | nef. | Latin. | navis. |
| Guerre. | vots. | Valaque. | vost. |
| | | Votiake. | ouoch. |
| Vol (*larcin*). | jol. | Lappon. | souol. |
| | | Tchéremisse. | cholo. |
| Plaie. | folh. | Latin. | vulnus. |
| Manteau. | fork. | Français. | froc. |
| Aimer. | loblev. | Slave. | loubliou. |
| Milieu. | miti. | Allemand. | mitte. |
| Peine. | mok'h. | Allemand. | mühe. |
| Plus. | akho. | Latin. | augeo. |
| Puissance. | khva. | Vogoul. | va. |
| Manièr e. | mini. | Anglais. | mean. |
| | riti. | Latin. | ritus. |
| Habitation. | ohn. | Vogoul. | ion. |
| | | Tcherkesse. | ounna. |
| Nuit. | ochi. | Irlandais. | oidsa. |
| | | Estonien. | esse. |
| Poussière. | riïssi. | Lappon. | riti. |
| | | Ossète. | rik. |
| | | Ostiake. | rioukh. |
| Sonner. | zensen. | Latin. | sonare. |
| Coudre. | sati. | Slave. | chit. |
| Porte. | sve. | Tcherkesse. | bsé. |
| Parler. | tauo. | Chinois. | tao. |
| | sadji. | Allemand. | sagen. |
| Haie. | tsôm. | Allemand. | zaun. |
| Chaleur. | charva. | Russe. | jar. |
| Chercher. | soki. | Allemand. | suchen. |
| | djer. | Italien. | cercare. |

| | | | |
|---|---|---|---|
| Lécher. | ledj. | Français. | lécher. |
| | | Allemand. | lecken. |
| Sac. | sok. | Allemand. | sack. |
| | | Latin. | saccus. |
| Vouloir. | ôch. | Tchéremisse. | ouch ( *volonté.* ) |
| Rester. | moun. | Latin. | manere. |
| Défectueux. | mounk. | Latin. | mancus. |
| | | Allemand. | mangel. |
| Semence. | ziti. | Anglais. | seed. |
| Joie. | rôut. | Russe. | rad. |
| Verge. | chvot. | Anglais. | switch. |
| Serpent. | hof. | Grec. | of-is. |
| Vase. | moki. | Anglais. | mug. |
| Sage. | kati. | Latin. | catus. |
| Malade. | lahm. | Allemand. | lahm (*boiteux*) |
| Laine. | sort. | Slave. | cherste. |
| Incendie. | rok'h | Latin. | rogus. |
| Huilier. | lik. | Latin. | lec-ythus. |
| Hameçon. | ôimi. | Latin. | hamus. |
| Haïr. | meste. | Grec. | miseo. |
| Graisse. | ôt. | Turc. | ots, œts. |
| Fuite. | fot. | Français. | fuite. |
| Fève. | faba. | Latin. | faba. |
| Feutre. | feldji. | Allemand. | filz. |
| Jeuner. | hoker. | Allemand. | hunger. |
| Être. | pe. | Anglais. | be. |
| Couler. | fôn. | Latin. | fundere. |
| Donner. | toï. | Latin. | do. |
| Fouir. | fôth, fôch. | Latin. | fossio, fodere. |
| | sôlk. | Latin. | sulcus. |

| | | | |
|---|---|---|---|
| Part. | phordj. | Latin. | portio, pars. |
| Envie. | libe. | Allemand. | liebe. |
| Croître. | rôt. | Slave. | rod-it. |
| Creuser. | chôk. | Latin. | secare. |
| Cour. | auli. | Latin. | aula. |
| Circuit. | kôti. | Ostiake. | koutch. |
| Chute. | slati. | Anglais. | slide. |
| Cable. | kap. | Français. | cab-le. |
| Cesser. | lodj. | Allemand. | lassen. |
| Chaudron. | labi, libia. | Latin. | lebes. |
| Casser. | kach. | Français. | casser. |
| Brûler. | fossi. | Grec. | phôs (*v. cuire*). |
| Cacher. | khop. | Tcherkesse. | gabk. |
| Blesser. | lechdj. | Latin. | laedo, laesus. |
| Artifice. | khrof. | Anglais. | craft. |
| Apprendre. | savo. | Latin. | sapere. |
| Allumer. | sere. | Anglais. | sear. |

## § XXIX.

*Comparaison des langues américaines, avec les idiomes de l'ancien continent.*

Les comparaisons du basque et du copte ont prouvé que ces langues sont faites comme toutes les autres. Celles qu'on va lire, tirées pour la plupart des *Mémoires relatifs à l'Asie, par Klaproth, tom. II,* prouveront que les dialectes américains sont dans le même cas. Ce savant était moins bien pourvu de matériaux pour les idiomes de l'Amérique, que feu le professeur *Vater,* qui disposait des riches collections de M. A. de Humboldt. Malgré cela, Vater n'a déterré avec peine qu'environ soixante analogies américo-européennes, américo-asiatiques et américo-africaines; il dit à la fin de ses recherches (1) : « Je le répète, tout ce qui présentait » une apparence seulement d'analogie, a été re- » cueilli soigneusement ; les listes d'autres mots » américains peuvent, sous d'autres rapports, être » fort précieuses, mais tout ce qui peut conduire à » la comparaison des langues de l'Amérique avec » celle de l'Asie, se trouve renfermé dans ce qui » précède. »

(1) *Untersuchungen über Amerika's Bevælkerung.* Leipzig 1810. p. 55.

Ici cependant le lecteur rencontrera plusieurs centaines d'analogies frappantes : elles serviront comme toutes les autres, à démontrer la parenté universelle des idiomes du globe.

### AN.

| | | | |
|---|---|---|---|
| Mbaya. | lotabi. | Slave. | lieto. |
| | | Tibetain. | loo. |
| Kitchoua. | houata. | Slave. | god. |
| | | Tchouktche. | guioud. |

### ANIMAL.

| | | | |
|---|---|---|---|
| Guarani. | zoo. | Grec. | zoon. |
| Loulé. | vahà. | waeg. | |
| Tchikita. | baûs. | Albanais. | bis. |
| Othomi. | bâoni. | Toungouse. | baïoni |
| Kiriri. | enki. | Turc du Tchoulim. | ank. |

### ARBRE, BOIS.

| | | | |
|---|---|---|---|
| Caraïbe. | huehué. | Tagala. | kahouy. |
| | | Maghindanao. | kahoé. |
| Kamakan. | haoue. | Motore. | haë. |
| Makali. | mé. | Toungouse. | mo. |
| | | Chinois. | mou. |
| Kitchoua. | katcha. | Dekan. | gatch. |
| | | Turc. | agatch. |
| | | Hébreu. | hedz, ghedz. |
| | zatcha. | Arabe. | sadjar. |
| Tchippivaï. | mittik. | Samoyède. | mide. |

### ARGILE.

| | | | |
|---|---|---|---|
| Caraïbe. | teouteli. | Chaldéen. | titou. |

| | | | |
|---|---|---|---|
| | | Hébreu. | tit. |
| | | Samoyède. | tuou. |
| Kitchoua. | mitou. | Moultani. | meti. |

## BLANC.

| | | | |
|---|---|---|---|
| Aimara. | hanko. | Vogoul. | yang. |
| Maya. | zak. | Ostiak. | tchaga. |
| Kitchoua. | yourak. | Ossète. | ours, hours. |
| Kora. | kouaïna. | Ingouche. | kaïn. |
| | | Touchi. | kouïn. |
| | | Gallois. | guyn, can. |
| Kochimi. | gala. | Erse. | gial. |
| Othomi. | ttexi. | Samoyède. | teg. |
| Caraïbe. | alou. | Dido. | alouka. |
| | | Samoyède. | ïalana, ïalighe. |
| Mbaya. | lopakighi. | Hébreu. | lavan, laban. |
| | | Karaga. | liæpliæn. |

## BOIRE.

| | | | |
|---|---|---|---|
| Botokoudi. | yoop. | Finnois, | yova. |

## BOUCHE.

| | | | |
|---|---|---|---|
| Mbaya. | yoladi. | Ostiake. | youl, yol. |
| Guarani. Homagua. | } yourou. | Valaque. | goura. |
| Toupi. | pourou. | Géorgien. | piri. |
| Loulé. | ka. | Tonquin. | ka. |
| Vilèla. | yep. | Coréen. | yéep. |
| Araucana. | oun. | Votiake. | oum. |
| Othomi. | ne. | Samoyède. | næ. |

## CHALEUR.

| | | | |
|---|---|---|---|
| Kitchoua. | roupa. | N.-Hollande. | rob. |
| | rauraï. | Ostiake. | rouou. |

## CHAT.

| | | | |
|---|---|---|---|
| Caraïbe. | mechou. | Turc. | mechik |
| Kitchoua. | mitsi. | | |

## CHEVEUX.

| | | | |
|---|---|---|---|
| Maya. | tsots. | Turc. | tsats. |
| Mbaya. | modi. | Lettonien. | matti. |
| Loulé. | kaphle. | Latin. | capillus. |
| Othomi. | ichto. | Mongol. | issy. |
| | | Afghan. | ikhte. |
| Algonkin. | lissis. | Vende. | lossi. |
| Caraïbe. | oueche. | Serbien. | ouosse. |

## CHIEN.

| | | | |
|---|---|---|---|
| Kitchoua. | allkou. | Pehlvi. | alia. |
| | | Kotte. | altchip. |
| Makoni. | poko. | Touchi. | pœgou. |
| Kamakan. | iake. | Tcherkesse. | hak. |

## CIEL.

| | | | |
|---|---|---|---|
| Toupi. | ibaka. | Mandchou. | abka. |
| Caraïbe. | oubekou. | | |
| Caraïbe. | kapou. | Anglais. | heaven. |
| Loulé. | zo. | Lesghi. | zow, zob. |
| Maya. | kaan. | Koriaike. | khayan. |
| Maipoura. | eno. | Breton. | en. |

## COCHON.

| | | | |
|---|---|---|---|
| Kamakan. | kua. | Abaze. | khoa. |
| | | Touchi. | kwa. |
| Caraïbe. | bouirokou. | Kazi Koumuk. | bourkou. |
| | | Latin. | porcus. |
| | | Ostiake. | pourys, poros. |

## COEUR.

| | | | |
|---|---|---|---|
| Kiriri. | si. | Samoyède. | soï. |

## CORPS.

| | | | |
|---|---|---|---|
| Araucana. | anka. | Sanskrit. | angar. |
| Guarani et Toupi. | teté. | Iles Marianes. | tâtao. |

## COU.

| | | | |
|---|---|---|---|
| Maya. | kâl. | Latin. | coll-*um*. |
| Yaroura. | gôro. | Andi. | garou. |
| Patak'ho. | maï. | Tchouvache. | mii. |
| Caraïbe. | khionna. | Chinois. | king. |

## COUDE.

| | | | |
|---|---|---|---|
| Kitchoua. | koutchoutche. | Koriaike. | kitchavet. |

## DENT.

| | | | |
|---|---|---|---|
| Kamakan. | dio. | Samoyède. | tiou. |
| Toupi. | tanha. | Danois. | tand. |
| Brésil. | tanha. | Bengal. | dant. |
| Kitchoua. | kirou. | Arménien. | kérik. |
| Algonkin. | tibit. | Samoyède. | tibe. |
| Kiriri. | dza. | Tcherkesse. | dza. |

| | | | |
|---|---|---|---|
| Kora. | tameti. | Karasse. | dymida. |
| | | Koibale. | temæ. |

## DESSOUS.

| | | | |
|---|---|---|---|
| Botokoudi. | payin. | Persan. | païn. |

## DOIGT.

| | | | |
|---|---|---|---|
| Botokoudi. | pô. | Vogoule. | paæ. |
| Guarani. | pouâ. | Vogule de Berezov. | païa. |

## EAU.

| | | | |
|---|---|---|---|
| Kïriri. | dzou. | Turc. | sou. |
| Guarani. | i. | Samoyède. | i. |
| Toupi. | i. | Samoyède. | i. |
| Loulé. | to. | Sanskrit. | toya. |
| Vilèla. | ma. | Arabe. | ma. |
| | | Chaldéen. | maï. |
| | | Pehlvi. | mia. |
| Caraïbe. | tona. | Ossète. | don. |
| | | Nouvelle-Guinée. | dan. |
| Kitenna. | yakou. | Kouchhazib-Abaze. | agou. |
| | | Latin. | aqua. |
| Yaroura. | ouvi. | Nouvelle-Zélande. | aoui. |
| | | Nouvelle-Calédonie. | oôï. |
| Kamakan. | sin. | Kazi-Koumuk. | sin. |

## ECORCE.

| | | | |
|---|---|---|---|
| Kitchoua. | kara. | Slave. | kora. |
| | | Finnois. | kouori, kor. |
| | | Ostiake. | kar. |

## ENFANT.

| | | | |
|---|---|---|---|
| Maladi. | ako. | Iakoute. | ago. |

## ÉPAULE.

| | | | |
|---|---|---|---|
| Maya. | patch. | Arménien. | petch. |

## ÉPOUX.

| | | | |
|---|---|---|---|
| Kitchoua. | kotsa. | Turc. | kodja. |

## ÉTOILE.

| | | | |
|---|---|---|---|
| Algonkin. | alang. | Kotte. | alagan. |
| | | Assane. | alak. |
| Toupi. | ïassita. | Toungouse. | ochikta. |

## FEMME.

| | | | |
|---|---|---|---|
| Tamanaka. | aïka. | Lappon et Finnois. | akka. |
| Guarani. | kouna. | Islandais. | kona. |
| Mocobi. | aalo. | Kotte et Assane. | alit. |

## FEU.

| | | | |
|---|---|---|---|
| Kamakan. | diakhe. | Ostiake. | tioghet. |
| Caraïbe. | illemé. | Frison. | il. |
| | | Anglo-Saxon. | eled. |
| | | Vogoul. | oulæ. |
| Caraïbe. | ouattou. | Turc. | ot. |
| | | Tchouvache. | ouot. |

| | | | |
|---|---|---|---|
| Guarani. Brésil. | tata. | Vogoul. | tat. |
| Maïpoura. | katti. | Arintse, Kotte. | kot. |
| | | Assane. | hatti. |

FILS.

| | | | |
|---|---|---|---|
| Kitchoua. | tchouri. | Mordouine. | tsura. |
| | | Mokchà. | sourat. |

FILLE.

| | | | |
|---|---|---|---|
| Kitchoua. | pasna. | Abyssin. | bousse. |
| | | Grec. | païs. |

FORÊT.

| | | | |
|---|---|---|---|
| Guarani. | kaa. | Mahgindanao. | kaoï. |
| Zamouka. | pite. | Samoyède. | pidira. |
| Othomi. | tæhe. | Iakoute. | tæ. |

FROID.

| | | | |
|---|---|---|---|
| Makoni. | khaam. | Chinois. | khan, han. |

FRONT.

| | | | |
|---|---|---|---|
| Kamakan. | ake. | Tonchi. | haka. |
| Malali. | hake. | | |
| Araukana. | thol. | Gallois. | taal. |
| Guarani. | tsiba. | Arabe. | djibin. |
| Kitchoua. | matti. | Moultani. | mata. |
| Yaroura. | daïte. | Samoyède. | taï. |
| Othomi. | dé. | | |
| Tamanaka. | péri. | Letton. | pere. |
| Botocoudi. | kan. | Mordouïne. | konia. |

## FRONTIÈRE.

| | | | |
|---|---|---|---|
| Kitchoua. | k'iti. | Lamoute. | khidia. |
| | | Arabe. | khad. |

## GENOU.

| | | | |
|---|---|---|---|
| Kitchoua. | konkor. | Lamoute. | kiœngœn. |

## GOSIER.

| | | | |
|---|---|---|---|
| Kitchoua et Aimara. | kounka. | Andi. | konky. |
| | | Samoyède. | khyngo,khoungo. |
| Araukana. | pel. | Toungouse. | pelga. |
| | | Mandchou. | bilkha. |
| Guarani. | agoura. | Dougor. | ekour. |
| Yaroura. | goro. | Slave. | gorlo. |
| | | Finnois. | kourk. |
| Maya. | kal. | Kalmuk. | khol. |
| | | Arménien. | koul. |
| | | Allemand. | kehle. |

## GRAND.

| | | | |
|---|---|---|---|
| Botokoudi. | arak. | Samoyède. | arko, arka. |
| Kitchoua. | hatoun. | Toungousea | hadinga. |

## HAUT.

| | | | |
|---|---|---|---|
| Botokoudi. | orou. | Irlandais. | ord. |
| Kitchoua. | kahoua. | Allemand. | hoch. |
| | | Chinois. | kao, kaou. |

## HOMME.

| | | | |
|---|---|---|---|
| Caraïbe (les femmes). | eyeri. | Arménien. | aïr. |
| | | Mongol. | ere |

| | | | |
|---|---|---|---|
| Kitchoua. | kotsa. | Géorgien. | katsi. |
| Araucana. | tche. | Lesghi d'Avar. | tchi. |
| Kitchoua. | 'kâri. | Chaldéen. | gwar. |

## JOUR.

| | | | |
|---|---|---|---|
| Kamakan. | ari. | Malai. | aree. |
| Guarani. | ara. | Tagala | arao. |
| Loulé. | ini. | Toungouse. | inyng. |
| Zamouka. | dire. | Samoyède. | dere. |
| Aimara. | ourou. | Arménien. | or. |
| Maya. | kin. | Kazi Koumuk. | kini. |
| Yaroura. | do. | Kourile. | to. |

## LAIT.

| | | | |
|---|---|---|---|
| Malali. | poïo. | Afghan. | poï. |
| | | Pehlvi. | poï. |

## LANGUE.

| | | | |
|---|---|---|---|
| Kitchoua. | kallou. | Mongole. | kele. |
| Mbaya. | kelipi. | | kelene. |
| | | Finnois. | kelli, kieli. |
| Loulé. | léki. | Allemand. | lecker. |
| Kayoubabi. | ine. | Toungouse. | inni. |
| | | Géorgien. | éna. |
| Caraïbe. | inigne. | Toungouse. | ingni. |

## LUNE.

| | | | |
|---|---|---|---|
| Kitchoua. | killa. | Kamtchatka. | kouletch. |
| | | Koriaike. | ghilghen. |
| Araucana. | kouiee. | Finnois. | koun. |
| Vilèla. | kopi. | Poumpokolsk. | khep. |

| | | | |
|---|---|---|---|
| Chicakha. | paas. | Akoucha. | bats. |
| Kayoubabi. | irare. | Samoyède. | ire, irri. |
| Moxa. | kohe. | Mokchane. | kou. |
| Méxicain. | mets-tli. | Slave. | maiæz. |
| | | Kouchhazib-Abaze. | mese. |
| | | Tcherkesse. | mæsæ. |
| Malali. | aïe. | Turc. | aï. |
| Botokoudi. | tarou. | Coréen. | tareme. |

## LONG.

| | | | |
|---|---|---|---|
| Botokoudi. | oronn. | Tchouvache. | voroum. |

## MAIN.

| | | | |
|---|---|---|---|
| Araucana. | koû. | Ossète. | koukh. |
| | | Kazi-Koumuk. | kouya. |
| Delavare. | nachk. | Akoucha. | nak. |

## MAISON.

| | | | |
|---|---|---|---|
| Maya. | na. | Tonquin. | nha. |
| Mexicain. | kalli. | Tchouvache. | kil. |
| | | Vogoul. | kalla. |
| | | | koualla |
| Toupi. | oka. | Pehlvi. | ake. |
| | | Andi. | akko. |
| | | Lettonien. | œka. |
| Tchikèta. | poor. | Hébreu. | baïs. |
| Kitchoua. | houassi. | Allemand. | haus. |
| Moxa | peti. | Hébreu. | baït. |
| Yaroura. | ion | Tscherkesse. | unna. |
| | | Finnois. | houne. |

## MÈRE.

| | | | |
|---|---|---|---|
| Aïmara. | taïkou. | Kurde. | taike. |
| | | Grec. | tokas. |
| Araucana. | papaï. | Japonais. | fafou. |
| Guarani. Brésil. | si. | Vogoul. | sis. |
| Kitchoua. | mama. | Finnois. | mammo. |
| Moxe. | meme. | Albanais. | memme. |
| Vilèla. | nane. | Ingouche et Touchi. | nana. |
| Mobimah. | ma. | Hindoustâni. | ma. |
| | | Malai. | ma. |
| | | Tibétain. | ma. |
| Kora. | tite. | Géorgien. | deda. |
| Caraïbe. | icha. | Turc. | etcha. |
| | | Mongol et Turcoman. | adsah. |

## MIEL.

| | | | |
|---|---|---|---|
| Othomi. | ttaphi. | Géorgien. | taphli. |
| Monobi. | daapik. | | |

## MOI.

| | | | |
|---|---|---|---|
| Kamakan. | ekhkha. | Latin. | ego. |

## MONTAGNE.

| | | | |
|---|---|---|---|
| Kamakan. | kere. | Sanskrit. | ghiri |
| | | Slave. | gora. |
| | | Arintse. | kar. |
| | | Turc. | kir. |
| Caraïbe. | ouebo. | Mongol. | obo. (*colline.*) |

## MOUCHE.

| | | | |
|---|---|---|---|
| Kitchoua. | tchouspi. | Turc. | tçhibe. |

## NEZ.

| | | | |
|---|---|---|---|
| Loulé. | nous. | Slave. | nos. |
| Moxa. | nousiri. | | |
| Aïmara. | nasa. | Sanskrit. | nasa. |
| Saliva. | inkou. | Kamtchatka. | enkou |

## NOIR.

| | | | |
|---|---|---|---|
| Araucana. | kouri. | Japonais. | kouroï. |
| Guarani. | tou. | Arménien. | toukh. |
| | | Gallois. | du. |
| | | Breton. | du. |
| Mobimah. | tchamma. | Vogoul. | chemel. |
| | | Imiréthi. | chambi. |
| Caraïbe. | ouliti. | Iles des Amis. | ouli. |

## NOM.

| | | | |
|---|---|---|---|
| Caraïbe. ( *les femmes* ) | nire. | Mongol. | nyre. |

## NON.

| | | | |
|---|---|---|---|
| Makoni. | poé. | Chinois. | pou. |
| Kamakan. | mochi. | Chinois. | mo. |
| | | Arabe. | missœ. |

## NUIT.

| | | | |
|---|---|---|---|
| Araucana. | poun. | Samoyède. | pin. |
| Guarani. | pitou. | Samoyède. | pit , pete pitn. |
| Vilèla. | ouï. | Permien | oï. |

| | | | |
|---|---|---|---|
| | | Finnois. | iouï. |
| Moxa. | laïlo. | Arabe. | laïl. |
| | | Chaldéen. | læliou. |

## ŒIL.

| | | | |
|---|---|---|---|
| Moxa. | aaino. | Arabe. | aa'in. |
| Caraïbe. | enoulou. | Chaldéen. | a'inou |
| Yaroura. | yonde. | Chinois. | yan. |
| Caraïbe. | akou. | Slave. | oko. |
| | | Arménien. | akn. |
| | | Latin. | ocu-lus. |
| | | Goth. | augo. |

## OISEAU.

| | | | |
|---|---|---|---|
| Kitchoua. | pitchiou. | Slave. | ptitsa. |
| Betoï. | kosiou. | Turc. | kouch. |
| Tamanaka. | toronò. | Arabe. | taïr. |
| | | Japonais. | tori. |
| Kotchimi. | ttoo. | Samoyède-Taghi. | touhou. |

## OREILLE.

| | | | |
|---|---|---|---|
| Caraïbe. | arikæ. | Italien. | orecchia. |
| | | Espagnol. | oreja. |
| | | Napolitain, patois. | arechyié. |

## OS.

| | | | |
|---|---|---|---|
| Kitchoua. | toullou. | Malaï. | toulan. |
| | | Dido. | tlousa. |

## PEAU.

| | | | |
|---|---|---|---|
| Botokoudi. | kat. | Mordouine. | kat. |
| Karaïbe. | tôra. | Turc. | tere, deri. |
| | | Grec. | der-ma. |

## PÈRE.

| | | | |
|---|---|---|---|
| Caraïbe. | baba. | Turc. | baba. |
| | | Kalmuk. | babaï. |
| | | Bengal. | bap. |
| | | Malaï, | bapa. |
| Mbaya. | yodi. | Copte. | yote. |
| | | Tcherkesse. | yada. |
| Homagoua. | papa, | Kamtchatka. | papa. |
| Vilèla. | op. | Hébreu. | ab. |
| | | Asssane et Inbatsk. | op, ob. |
| Moxa.. | tata. | Breton. | tat. |
| Vilela. | tate. | Serbien. | tata. |
| Mexicain. | tatli. | Valaque. | tate. |
| | | Finnois. | tato. |
| Mohimah. | pa. | Tibétain. | pa. |
| Kitchoua. | yaya. | Voyoul. | yæg. |

## PETIT.

| | | | |
|---|---|---|---|
| Botocoudi. | koudji. | Turc. | koudji. |
| | | | kutchik. |
| Kitchoua. | houtchoui. | Teléoute. | koutchou. |
| | | Yakoute. | koutchougoui. |

## PIED.

| | | | |
|---|---|---|---|
| Kitchoua. | tchaki. | Andi. | tchouka, tcheka. |
| Botokoudi. | po. | Lesghi d'Avar. | pog. |

| | | | |
|---|---|---|---|
| Guarani. | | | |
| Toupi. | pi, bi. | Gallois. | pi. |
| Kiriri. | | Persan. | paï. |
| Homagoua. | poueta. | Bas-allemand. | foot, pote. |
| Aïmara. | kayou. | Lettonien. | kaya. |
| Maïpoura. | nouksi. | Slave. | noga. |
| | | Polabe. | nouka. |
| Othomi. | koua. | Lithuanien. | koïa. |
| Makhali. | pata. | Sanskrit. | pada. |
| Caraïbe. | pou, oupou. | Grec. | pous. |
| | | Allemand. | fuss. |
| Loulé. | ellou. | Finnois. | ialgou. |
| | | Tcheremisse. | ial. |
| Kamakan. | ouadæ. | Arménien. | ouod, vod. |

## PIERRE.

| | | | |
|---|---|---|---|
| Kamakan. | kea. | Géorgien. | koua, kva. |
| Araucana. | koura. | Ingouche. | kera. |
| | | Arménien. | kouar. |
| | | Albanais. | your. |
| Aïmara. | kala. | Lappon. | kalli. |
| | | Koriaike. | koual. |
| | | Kamtchatka. | koual. |
| | | Slave. | skala. |
| Maïpoura. | kipa. | Finnois. | kivi. |
| Tamanaka. | tepou, tebou. | Antsoukh. | teb. |
| Yaroura. | tande. | Samoyède Taïghi. | tangæ. |
| Botokoudi. | karatoung. | Gallois. | carreg. |
| Othomi. | d'ô. | Tibétain. | rdo. |
| | | Ostiake. | to. |
| Malali. | haak. | Abaze. | hak, hauk. |

## PLUIE.

| | | | |
|---|---|---|---|
| Guarani. | amâ. | Japonais. | ame. |
| Kitchoua. | pâra. | Persan. | barân. |
| | | Kurde. | parân. |
| Yaroura. | koo. | Kouchhazib-Abaze. | koua. |
| Kamakan. | si. | Albanais. | si. |
| Algonkin. | kemevan. | Dido. | kema. |

## PLUME.

| | | | |
|---|---|---|---|
| Caraïbe. | banna. | Latin. | penna. |
| | | Valaque. | pany. |
| Kitchoua. | pourou. | Malabar. | pour. |
| | | Slave. | pero. |
| | | Bengal. | pourra. |

## POISSON.

| | | | |
|---|---|---|---|
| Kitchoua. | houa. | Java. | youa. |
| Loulé. | péas. | Latin. | pisc-is. |
| | | Gallois. | pesk. |
| Mobimah. | bilau. | Turc. | balik, balouk. |
| Mexicain. | miktchi. | Moultâni. | matchi. |
| Patakho. | mahoun. | Persan. | mâhi. |
| Caraïbe. | ikali. | Finnois. | kala. |
| | | Samoyède. | khale. |
| Maya. | kaï. | Tonquin. | ka. |

## POITRINE.

| | | | |
|---|---|---|---|
| Guarani. | potia. | Latin. | pectus. |

## RACINE.

| | | | |
|---|---|---|---|
| Delaware. | poun. | Arménien. | poun. |

| | | | |
|---|---|---|---|
| Mokchane. | penyouk. | Mordouine. | penka. |
| Caraïbe. | bona. | Tagala. | pono. |
| | | Russe. | pen. |
| | | Polonais. | pien. |
| | | Illyrien. | pagn. |
| | | Sankrit. | poun. |
| | | Chinois. | poun, pun. pen. |
| | | Tcheremisse. | poundos. |
| | | Gallois. | bon. |
| | | Zend. | bon. |
| | | Copte. | benni. |
| | | Arabe. | bini, bounk. |
| | | Mandhcou. | founkou. |
| | | Irlandais. | fauna. |
| | | Samoyède. | vanou. |

RIVE.

| | | | |
|---|---|---|---|
| Othomi. | kahti. | Lappon. | kadde. |

RIVIÈRE.

| | | | |
|---|---|---|---|
| Kitchoua. | pata. | Kourile. | pet. |

ROUGE.

| | | | |
|---|---|---|---|
| Kamakan. | kohira. | Zyriaine. | goïrde. |
| | | Basque. | gorria. |

SABLE.

| | | | |
|---|---|---|---|
| Makoni. | avon. | Arménien. | avon. |
| Caraïbe. | chakao. | Chinois. | cha. |
| | | Ostiake. | saika. |
| | | Tcherkesse. | p-chako. |
| Kitchoua. | tiou. | Samoyède. | dioua, diya. |

## SANG.

| | | | |
|---|---|---|---|
| Guarani. | pia, poua. | Lesghi. | bi. |
| Pérou. | vila. | Irlandais. | fuil. |
| Kitchoua. | songo. | Latin. | sanguis. |
| | | Mandchou. | sengghi. |
| Kiriri. | si. | Japonais. | tchi. |
| Yaroura. | e ou. | Tagala. | agas. |
| Mexicain. | iollo-tli. | Ostiake. | illé. |
| Makoni. | inkeou. | Andi. | inneou. |
| Machali. | kong. | Samoyède. | kem, khem. |

## SOLEIL.

| | | | |
|---|---|---|---|
| Caraïbe. | huéyou. | Samoyède. | haïya. |
| Caraïbe. | kachi. | Ostiake. | kat. |
| | | Turc. | kouæch. |
| Brésil. | arasou. | Tagala. | arao. |
| Nouvelle-Angleterre. | kone. | Turc. | koun. |
| Tchippewey. | kesis. | Tcheremisse. | ketche. |

## SOURIS.

| | | | |
|---|---|---|---|
| Caraïbe. | kouli. | Mongol. | koulougouna. |

## TERRE.

| | | | |
|---|---|---|---|
| Araoukana. | toue. | Chinois. | tou. |
| | | Nouvelle-Calédonie. | do. |
| Brésil. | bou. | Tsingane. | bou. |
| Abiponi. | aloa. | Irlandais. | ialaw. |
| Sapibokoni. | metchi. | Andi. | mitsa. |
| Moxa. | motchi | Géorgien. | mitsa. |

| | | | |
|---|---|---|---|
| Saliva. | seke. | Ossète. | sakh. |
| Maïpoura. | peni. | Assane. | pen. |
| Yaroura. | daboû. | Arménien. | tap. |
| Botokoudi. | naak. | Mandchou. | na. |
| Delavare. | haki. | Persan. | kak. |

## TÊTE.

| | | | |
|---|---|---|---|
| Guarani. | akang. | Kouchhazib-Abaze. | aka. |
| Malali. | akeou. | | |
| Homagoua. | yakæ. | | |
| Loulé. | toko. | Assane. | togaï. |
| Aïmara. | pekke. | Tchar. | beker. |
| | | Kazi-Koumuk. | bak. |
| Betoï. | rosaka. | Arabe. | râse. |
| | | Hébreu. | roch. |
| Caraïbe. | boupou. | Kourile. | paop. |
| Caraïbe. | ichik. | Mandchou. | oudjou. |

## TROU.

| | | | |
|---|---|---|---|
| Karaïbe. | tirakali. | Slave. | dira. |
| Botokoudi. | mah. | Pehlvi. | mag. |
| Kamakan. | acko. | Finnois. | auko. |
| | | Estonien. | aouk. |

## VALLÉE.

| | | | |
|---|---|---|---|
| Kitchoua. | houaïko. | Lappon. | vagghe. |
| | | Géorgien. | vake. |
| | | Turcoman. | boïga. |

## VENT.

| | | | |
|---|---|---|---|
| Yaoura. | paé. | Arintse. | paï. |

| | | | |
|---|---|---|---|
| | | Kotte. | peï. |
| Kitchoua. | ouaïra. | Lappon. | ouïro. |
| | | Malabar. | beïar. |
| | | Mahratte. | vara. |
| Vilèla. | ouo. | Ostiake. | ouat. |

## VENTRE.

| | | | |
|---|---|---|---|
| Samouka. | oûp. | Iles de la Société | obou. |
| Loulé. | ép. | | |
| Aïmara. | pouraka. | Ostiake. | porokh. |
| | | Espagnol. | barriga. |
| | | Arménien. | por. |
| Mbaya. | nee ,, ni. | Afghan. | nes. |
| Kiriri. | burô. | Erse. | birou. |
| Araucana. | poué. | Teuton. | bou. |
| Botokoudi. | kouang. | Poumpokolsk | kang. |
| Caraïbe. | houembou. | Goth. | wamba. |

## VER.

| | | | |
|---|---|---|---|
| Kitchoua. | kourou. | Hindoustâni. | kéré. |
| | | Turc. | kourte. |
| | | Mougol. | khorokho. |

## VERT.

| | | | |
|---|---|---|---|
| Kitchoua. | komer. | Poumpokolsk. | komousli. |

## VIANDE.

| | | | |
|---|---|---|---|
| Kamakan. | kiona. | Awar. | khian. |
| Kitchoua. | aïtcha. | Kotte. | itche. |

## VIEUX.

| | | | |
|---|---|---|---|
| Kamakan. | stahie. | Slave. | stary. |

## VISAGE.

| | | | |
|---|---|---|---|
| Araucana. | aghe. | Irlandais. | aghèd. |
| Brasilien. | rowa. | Persan. | roui , rowi. |
| Lulé. | yokous. | Tchetchentse. | yokh. |
| Vilèla. | nèïp. | Tcherkesse. | nap. |
| Othomi. | mih. | Kazakh. | mykh. |

# OBSERVATIONS

SUR LES

# RACINES DES LANGUES SÉMITIQUES,

PAR M. KLAPROTH.

# OBSERVATIONS

SUR LES

# RACINES DES LANGUES SÉMITIQUES,

PAR M. KLAPROTH.

---

Le principe adopté à présent par la plupart des philologues, que dans chaque mot composé de plusieurs syllabes, une seule renferme le sens fondamental et principal, ou, en d'autres termes, *que les racines de toutes les langues sont monosyllabiques*, éprouvera sans doute de fortes contradictions parmi les *orientalistes*, c'est-à-dire parmi les personnes qui s'occupent spécialement de l'étude des idiomes que nous sommes accoutumés de désigner par le nom de *langues sémitiques*. En effet on a enseigné, depuis trois siècles, que les racines de l'hébreu, du chaldéen, du syriaque, de l'arabe, et d'autres langues issues de la même souche, se composaient généralement de *trois consonnes* séparées entre elles par deux voyelles, et formant ainsi des *radicaux dissyllabiques*. Ce principe, consacré et révéré par dix générations de savans, paraissait inébranlable ; aussi n'a-t-on pas manqué de crier à l'hérésie, quand l'illustre *J. Ch. Adelung* a osé le renier dans son *Mithridates*, où il s'explique, sur ce point, de la manière suivante : « Les Arabes fu-
» rent les premiers peuples sémitiques, qui, peu de
» temps après Mahomet, cherchèrent à fixer leur langue

» par des règles, afin de la préserver de corruption et de
» mélanges étrangers. Ils prirent pour modèle les mau-
» vaises grammaires grecques, et comme les auteurs de
» celles-ci manquaient de critique, leurs imitateurs n'ont
» pu surpasser ces modèles. Vers le milieu du xe siècle,
» les Juifs suivirent l'exemple des Arabes, et commen-
» cèrent à travailler à la grammaire de la langue hé-
» braïque, morte depuis environ quinze cents ans. Mais
» les Juifs n'apportèrent pas à ce travail plus de critique
» que les Arabes, et comme ils avaient la tête remplie
» de rêveries cabalistiques, et se conformaient à un
» plan vicieux, leurs traités de grammaires ne présen-
» tent qu'une foule de subtilités philosophiques et de
» folies pédantesques. Cela n'a pas empêché les gram-
» mairiens chrétiens de bâtir sur des fondemens si peu
» solides, et de renchérir souvent sur les Juifs en idées
» fantastiques. *Albert Schultens* mit enfin un peu d'ordre
» dans l'étude fondamentale des langues orientales,
» mais il conserva plusieurs doctrines arbitraires et in-
» soutenables, qui subsistent encore dans les gram-
» maires des idiomes sémitiques. Je me contenterai de
» citer la *doctrine des racines de deux syllabes*, doctrine
» qui est en opposition manifeste avec la philosophie
» des langues, et suivant laquelle on prétend que des
» radicaux incontestables, tels que *ab*, père, *ken*, fils,
» *kol*, tous, etc., dérivent des verbes *abah*, voluit,
» *kanah*, ædificavit (parce que le fils bâtit la maison)
» et de *kalal*, circumdedit. Quand les verbes existans
» ne veulent pas se prêter à de pareilles dérivations,

» on en invente des nouveaux. La troisième personne » du prétérit est certainement un dérivé, tant pour » l'idée que pour la forme, et pourtant on en fait la » racine de tous les mots, même des monosyllabi- » ques ; c'est comme si l'on voulait faire descendre le » père de son petit-fils. La doctrine de la transposition » et du changement de lettres n'est pas plus raison- » nable, et peut conduire à mille extravagances. La » dénomination de *conjugaisons*, qu'on donne aux formes » dérivées de la racine, ne vaut pas mieux. Il faut donc » espérer que le génie bienfaisant de la philosophie du » langage, qui a déjà refondu tant d'autres gram- » maires, aura enfin compassion de l'état de celle des » idiomes sémitiques ; c'est alors que nous verrons dis- » paraître la doctrine absurde de la dérivation des mots » et de leur signification, et qu'elle sera remplacée par » une autre plus conforme à la raison et à la philosophie; » un pareil changement tournera certainement au pro- » fit de l'exégèse de la Bible. Le célèbre *J. D. Mi-* » *chaelis* avait déjà commencé, dans les dernières années » de sa vie, à douter de la *dissyllabité* des racines, et » il est vraisemblable qu'il aurait abandonné cette doc- » trine, si la mort ne l'avait pas empêché de publier la » nouvelle édition de sa grammaire hébraïque qu'il se » proposait de donner (1). »

Certainement J. D. Michaelis était l'homme le plus propre à opérer un heureux changement dans le sys-

(1) *Mithridates oder allgemeine Sprachkunde* von J. Chr. Adelung. Berlin, 1806, in-8°. vol. 1, p. 301.

tème grammatical des langues sémitiques, mais je pense qu'il n'est pas nécessaire d'être un aussi grand maître que lui, et que même une connaissance peu étendue de ces idiomes suffit pour renverser la doctrine des racines de trois consonnes ou de deux syllabes, et pour *démontrer que ces prétendues racines* (1) *ne sont réellement que des mots composés d'une*

(1) Je crois utile de reproduire ici une note sur ce sujet, que *Deguignes père* a insérée dans un *Mémoire historique et critique sur les langues orientales*, imprimé dans le XXXVIIe volume des Mémoires de l'Académie des Inscriptions et Belles-Lettres (pag. 142) :

ב *beth* et פ *phé*, se changent l'un en l'autre, de l'hébreu au syriaque; ברזל *bradzel* en hébreu, est en syriaque *phardzelo*, *ferrum;* נשף *nachaf* en hébreu, et נשב *nachab* en chaldéen, signifient également *sufflavit.*

Il en est de même du ג *ghimel* et du כ *kaf;* les hébreux disent סגר *sagar,* et les syriens *skar, clausit.*

Pour le ז *dzain* et le ד *daleth;* les hébreux écrivent זָהָב *dzahab,* les syriens *dahbo*, les chaldéens דְהַב *d'hab,* les arabes *dhahab*, *aurum.*

Le ס *samek* en ש *schin* est également fréquent dans ces langues : en hébreu כנס *kanas*, en syriaque *knach*, *congregavit;* שבע *chaba'* en hébreu, *sba* en syriaque, *saturavit;* de même pour l'arabe, le *sin* répond souvent au *schin* hébreu.

Le כ *kaf* se change en ק *quouf;* כפל *kafal* en hébreu, קְפַל *cfal* en chaldéen, *duplicavit.* Souvent les Arabes ont la même racine sous les deux lettres, et alors elles sont regardées comme des racines différentes qui ont la même signification.

Le ל *lamed*, le נ *noun* et le ר *resch* sont sujets à des pareils changemens : אלמנה *almanah* en hébreu, *armalto* en syriaque, *vidua;* נתן *natan* en hébreu, *ntal* en syriaque, *dedit;* עַיִר *aïr* en hébreu, *ilo* en syriaque, *pullus.* Ces changemens se rencontrent même dans la langue grecque.

*syllabe de deux consonnes et d'une voyelle intermé-diaire, et d'une autre consonne finale, laquelle modifie*

Le ם *mim* en נ *noun*, surtout dans les finales grammaticales : ainsi la finale ים *im*, qui est le pluriel en hébreu, est en syriaque et en arabe *in*; mais indépendamment de ce changement, qui est ordinaire, on le rencontre quelquefois dans les racines mêmes ; les arabes disent *racam* et *racan*, *notavit* : par la même raison les grecs font leur accusatif en ν et les latins en *m*.

Le צ *tsadé* en ט *thet*; חפץ *khaphaths* en hébreu, *khapheth* en syriaque, *studuit*. En arabe les lettres *ssad*, *dhad*, *tha* et *dha*, répondent au *tsadé* et au *thet* des autres langues, quelquefois la dernière au ז *dzaïn*, c'est-à-dire que toutes ces lettres se changent réciproquement dans le passage d'une langue à l'autre.

ש, ט, ת, ד. Le *schin* en *tau*, changement très-fréquent de l'hébreu au syriaque et au chaldéen ; ainsi l'on dit en hébreu *schalesch* שלש, en chaldéen *telat* תלת, *tres* ; c'est la même chose en syriaque ; en arabe la lettre *tha* répond au *schin* des hébreux, et l'on dit *thalith*, *tres*. — קשר *caschar* en hébreu, קטר *qetar* en chaldéen, *ligavit*. C'est relativement à ce changement que les Grecs ont dit, dans le dialecte attique, θάλαττα, *mare*, pour θάλασσα, et les Latins *tu* pour le σύ des Grecs.

Le ש *schin* se change encore en ג *ghimel* ; en hebreu שחק *schakhac*, *risit*, est le même qu'en syriaque *gkhac*. En ד *daleth* ; ש *sché* en hébreu, *qui*, *quæ*, *quod*, répond au syrien *de*, qui a la même signification.

צ, ע. Mais un des plus singuliers, qui n'est fondé sur aucun rapport d'organe, et qui semble ne venir que de la ressemblance de la figure des lettres, est le *tsade* en *aïn*. ארץ *erets*, *terra*, est le même mot que le chaldéen ארע *ara'*, et *aro* en syriaque. Serait-ce que les peuples se seraient communiqué des mots par le moyen de l'écriture (*).

Je ne parle point ici des changemens qui se font ordinairement entre les lettres א *aleph*, ו *vau*, י *iod* et ה *he* ; ils sont trop connus par les grammairiens, parce qu'ils sont cause de la plus grande partie des irrégularités dans les mots. Mais un changement d'une autre espèce, qu'il

(*) Il n'y a ici rien d'étonnant, dans *erets*, *ara* et *aro*, la racine est *er* ou *ar* ; la finale ne mérite aucune attention. K.

*l'idée primitive de la racine monosyllabique, méconnue jusqu'à présent par les grammairiens*. Il ne faut, en effet, qu'ouvrir un dictionnaire pour se convaincre de cette vérité, et je me propose d'en donner un nombre d'exemples suffisant, pour prouver la solidité du principe que je viens de poser.

On sait que dans les langues sémitiques les lettres du même organe sont très-souvent mises les unes pour les autres (1). Ces changemens sont fréquens en hébreu, en syriaque, et principalement en arabe; comme cette dernière langue est la plus riche et celle dont nous connaissons le mieux les prétendues racines de trois lettres, et comme dans tous les idiomes sémitiques ces racines ont en général la même signification, je me suis de préférence attaché à l'arabe, pour y puiser mes exemples.

Je commence donc par la racine favorite des orientalistes, le fameux קָטַל *katal*, occidit, interfecit, enecuit,

est nécessaire d'indiquer, c'est que la plupart des mots hébreux qui ont pour première radicale un *iod*, en arabe ces mêmes mots commencent par un *vau;* de même ceux qui, en hébreu, sont terminés en *he*, ont, en arabe, un *iod*. Les deux lettres *iod* et *vau* sont changées en *tau* dans le syriaque; ainsi *takal* en hébreu, *ouakal*, en arabe, et *yakal*, en syriaque, ne doivent être regardés que comme une même racine; dans une des conjugaisons arabes mêmes le *vau* souffre ce changement. Il n'y a presque point de mots en hébreu qui commencent par le *vau*, et l'on en trouve beaucoup qui ont pour première radicale un *iod;* c'est le contraire en arabe: en cela le syriaque est plus conforme à l'hébreu.

(1) Pour ne pas confondre les racines verbales et dissyllabiques des grammairiens hébreux et arabes, avec les véritables racines monosyllabiques, je désigne, dans ce mémoire, les premières par le mot *racine*, et les dernières par celui de *radical*.

en arabe قَتَلَ *katal.* Le radical (1) duquel ce mot est dérivé est certainement KT, avec les différentes modifications des consonnes qui le composent; le *l* n'y est qu'une finale par laquelle la signification est modifiée. Ce radical, KT ou KS, représente l'idée de *couper, détruire*, ainsi que de *tuer*. Nous le trouvons d'abord dans le mot hébreu קֶטֶב *kæteb, couper, trancher; destruction, ruine, perte.* Le même radical est modifié, par des consonnes finales, dans les racines arabes suivantes, auxquelles je donne ici une signification infinitive, quoique ce soient des troisièmes personnes du prétérit; je le fais pour ne pas fatiguer le lecteur par la phrase trop souvent répétée, *il a coupé, il a brisé, il a tué,* etc.

قَطَّ *k'aththa*, couper une chose quelconque.

قَطَبَ *k'athaba*, couper, trancher.

قَطَعَ *k'atha'a*, couper, rogner, tronquer.

قَطَفَ *k'athafa*, arracher, gratter avec les ongles, racler.

قَطَلَ *k'athala*, trancher, amputer.

قَطَمَ *k'athama*, mordre, blesser avec les dents.

قَدَّ *k'adda*, couper, couper en long.

قَذَّ *k'adhdha*, couper également, donner un coup sur la tête.

قَثَّ *k'atstsa*, arracher, extirper.

(1) Les racines de trois consonnes, qui forment la troisième personne du prétérit, sont sous ce rapport une base utile pour la dérivation des formes grammaticales; mais cette utilité ne donne pas, à des mots composés, le droit de passer pour les radicaux d'une langue.

Et avec le changement du T en S :

قَصَّ *k'aszsza*, couper, découper.

قَسَمَ *k'asama*, diviser par morceaux.

قَصَبَ *k'aszaba*, dépecer, découper.

قَصَدَ *k'aszada*, briser, casser.

قَصَرَ *k'aszara*, couper, rogner, trancher.

قَصَمَ *k'aszama*, briser, casser.

قَصْمَلَ *k'aszmala*, casser, briser.

قَضَّ *k'adsdsa*, trouer, faire un trou; couper, rogner.

قَضْقَضَ *k'adsk'adsa*, rompre, briser, casser.

قَضَبَ *k'adsaba*, couper, rogner, trancher.

Mais ce radical n'est pas étranger aux autres langues du monde; voici ses différentes formes en sanskrit :

खद् *k'had*, tuer, blesser.

कुथ् *kout'h*, tuer.

कड् *kaḍ*, et खड् *k'haḍ*, fendre, couper, découper.

कुट्ट् *kouṭṭ*, et खुड् *k'houḍ*, couper ; comme en anglais *to cut*.

कश् *kas'*, blesser, tuer.

कष् *kach*, blesser, tuer.

कस् *kas*, détruire.

Le mot persan کشتن *kouch-ten*, tuer, et le turc کسمك *kes-mek*, couper, appartient au même radical.

Le radical NB ou NF désigne l'idée de *s'élever en sortant;* puis celle de *sortir* et *s'en aller,* comme on verra dans les exemples suivans :

نَبَأَ *nebaâ*, s'élever, être élevé.

نَبَرَ *nabara*, élever, hausser.

نَبَطَ *nabatha*, jaillir, couler en sortant de la terre.

نَبَعَ *naba'a*, en hébreu נָבַע *nâba'a*, sourdre, jaillir.

نَبَغَ *nabagha*, couler en sortant de la terre.

نَفَطَ *nafatha*, s'enfuir en bouillant.

نَفَأَ *nafâ*, eau bouillante.

نَفَتَ *nafata*, l'eau bouillante sort du pot.

نَفَجَ *nafadja*, sortir avec véhémence.

نَفَزَ *nafaza*, sauter; sauter en haut.

نَفَرَ *nafara*, s'enfuir avec vitesse.

نَفَصَ *nafasza*, parler avec vitesse, pousser un cri.

نَفَحَ *nafah'a*, en hébreu נָפַח *nâfah*, souffler comme le vent.

נְפַק *neffak*, en chaldéen, sortir. نَفَقَ *nafak'a*, en arabe, faire sortir de l'écorce.

On voit que tous ces mots renferment l'idée de *s'élever* ou de *sortir*.

---

Le radical L avec une consonne aspirée, comme H, G et K, qui se change aussi en *s* ou *dj*, représente l'idée de la *langue* et de ses actions. Voici plusieurs racines sémitiques dans lesquelles il se trouve :

לָקַק *lákak*, en hébreu, lécher, goûter.

لَعِقَ *lay'k'a*, en arabe, lécher.

لَغَا *laghâ*, parler.

لَهَتَ *lahata*, exercer sa langue.

لَجَنَ *ladjana*, lécher.

لَسَّ *lassa*, lécher.

لَسَبَ *lasaba*, lécher.

لَسَعَ *lasa'a*, être calomnié par une mauvaise langue.

لَسَمَ *lasama*, goûter, mettre sur la langue.

لِسْنٌ *lisn*, ou لِسَانٌ *lisân*, la langue.

لَطَعَ *latha'a*, lécher.

لَاسَ *lâsa*, goûter, mettre sur la langue.

لَهَسَ *lehasa*, lécher.

Le même radical se trouve aussi dans le sanskrit लिह् *lih*, lécher, goûter; लक् *lak* et लग् *lag*, goûter; लीढ *liḍha*, léché, goûté; लोक् *lôk*, parler; लज् *ladj*, calomnier, maudire. Il est presque inutile de citer le latin *lingua* et *lingere*, l'italien *leccare*, l'allemand *lecken*, l'anglais *to lick*, le français *lécher*, etc.

---

Un autre radical LK désigne *la main* et *l'action de la main*; il se trouve dans la première de ces significations dans les mots *lag*, en tubétain; *lagol*, *laghel*, en ostiake; *lás*, en afghan, et *lauv*, en irlandais; et dans la seconde dans les racines arabes suivantes:

لَقَّ *lak a*, frapper avec la main.

لَقَزَ *lak'aza*, et لَكَزَ *lakaza*, donner un coup de poing.

لَكَا *lakâ*, et لَكَّ *lakha*, frapper.

لَكَثَ *lakatia*, frapper.

لَكَدَ *lakada*, frapper avec la main.

لَكَمَ *lakama*, donner des coups de poing.

Une autre signification du radical LK est celle de *la vitesse*, comme dans :

لَقَعَ *lak'aa'*, passer très-vite.

لَقَمَ *lak'ama*, couler avec grande vitesse.

لَقِنَ *lak'ina*, comprendre avec vitesse.

---

RZ et RS représentent l'idée de *stable*, *ferme* ; par exemple :

رَزَنَ *razana*, s'arrêter dans un endroit, y être debout.

رَزَى *rezai*, s'appuyer.

رَزَّ *razza*, faire fortement entrer une chose dans l'autre.

رَزَبَ *razaba*, être fortement attaché, tenir ensemble.

رَسَّ *rassa*, être ferme, stable.

رَسَخَ *rasakha*, être ferme, stable.

رَسَنَ *rasana*, attacher avec une corde.

رَسَا *rasâ*, rendre stable, ferme.

رَصَّ *raszsza*, coudre ensemble, joindre fortement.

رَصَعَ *raszaa'*, tenir ferme à quelque chose.

رَصَفَ *raszafa*, être ferme et constant.

رَصَنَ *raszana*, rendre ferme.

رَصَا *raszâ*, rendre ferme.

La signification de ce radical n'est pas altérée par le changement de l'R en L, comme on verra par les racines arabes qui suivent :

لَزَّ *lazza*, joindre ensemble, coudre ensemble, resserrer.

لَزَبَ *lazaba*, tenir ferme, être rendu ferme. Un dérivé de cette racine est لَزْبٌ *lazbon*, passage étroit.

لَزَجَ *lazakha*, coller ensemble, joindre.

لَزَقَ *lazak'a*, tenir ensemble, coaguler.

لَزَمَ *lazama*, être ferme et inébranlable ; être inséparable.

لَزَنَ *lazana*, la foule se presse.

لَصَّ *laszsza*, coudre, tenir ensemble.

لَصَبَ *laszaba*, la peau tient à la chair par la maigreur de l'animal.

لَصَفَ *laszafa*; de là لَصْفٌ *laszfon*, l'aridité de la peau qui tient à la chair.

لَصَقَ *laszak'a*, tenir ferme, être attaché.

---

Le radical NK renferme l'idée de *pousser, frapper, détruire*, comme dans les racines arabes :

نَكَأَ *nakaâ*, blesser, tuer quelqu'un.

نَكَبَ *nakaba*, blesser, casser, faire du mal.

نَكَتَ *nakata*, blesser quelqu'un à la tête avec une lance.

نَكَزَ *nakasza*, pousser, frapper, chasser quelqu'un.

نَقَبَ *nakaba*, briser une muraille.

نَقَخَ *nak'akha*, frapper, enfoncer la lance dans le corps.

نَقَرَ *nak'ara*, frapper, pousser.

نَقَسَ *nak'asa*, frapper, pousser.

نَقَوَ *nak'afa*, porter un grand coup à quelqu'un.

A ce radical appartient le sanskrit नक्क् *nakk*, qui signifie *détruire*, *exterminer*.

---

MR désigne l'action de *pétrir*, d'*amollir*, comme dans les racines :

مَرَثَ *maratsa*, frotter avec les mains, macérer.

مَرَدَ *marada*, frotter.

مَرَزَ *maraza*, comprimer quelque chose légèrement avec l'extrémité des doigts.

مَرَسَ *marasa*, macérer, rendre souple avec la main.

مَرَشَ *maracha*, macérer, pétrir.

مَرَطَ *maratha*, arracher les poils, griffer avec les ongles.

مَرَى *marai*, traire.

Le sens de ce radical MR reste presque le même, quand son R est changé en S ou CH, comme dans les mots arabes :

مَشَّ *machcha*, traire.

مَشَعَ *macha'a*, tirer du lait de la mamelle.

مَشَنَ *machana*, tirer du lait de la mamelle.

مَصَرَ *maszara*, traire avec l'extrémité des doigts.

مَصَّ *masala* ( أَمْصَلَ *amsala*), traire, de sorte qu'il ne reste plus de lait dans les pis.

مَسَّ *massa*, toucher avec la main.

مَسَحَ *masah'a*, toucher légèrement de la main, oindre.

مَسَدَ *masada*, tordre des fils avec la main.

Ces deux radicaux arabes correspondent avec le sanskrit म्रक्ष् *mrax*, frotter, oindre.

---

LT présente l'idée de *frapper* et de *briser*, comme dans :

لَتَّ *latta*, briser, écraser, froisser, piler.

لَتَحَ *latah'a*, frapper, pousser.

لَتَدَ *latada*, frapper avec la main.

لَتَعَ *lataa'*, frapper avec la main.

لَتَطَ *latath'a*, frapper légèrement.

لَثَمَ *latsama*, casser briser.

لَجْفٌ *ladjf*, un coup.

Ce radical se retrouve dans le sanskrit लुठ् *louth*, frapper, briser, détruire.

---

دَمَّ *damma* signifie *rendre égal, lisse ; couvrir d'une couche de terre ou de plâtre. — Remplir un trou de terre. — Aller vite.*

Voici d'autres racines verbales et mots dérivés, qui commencent également par *dm*, et qui ont une troisième consonne finale ; on verra que leurs significations ne sont que des modifications de celles de *damma*,

دَمَثَ *damatsa*, être égal et doux à toucher (comme le sable). Prononcer *dammatsa*, rendre égal.

دَمَجَ *damadja*, courir vite sur un terrain. — Introduire une chose dans une autre.

دَمَسَ *damasa*, rendre un terrain égal de sorte qu'il ne reste aucune trace de ce qui s'y élevait auparavant. Cacher, mettre dans quelque trou.

دَمْشَقَ *damchaka*, expédier vite.

دَمْصٌ *damszo*, la hâte.

دَمَقَ *damak'a*, entrer sans permission ; introduire, insérer.

دَمَكَ *damaka*, marcher vite, porter une chose avec vitesse.

دَمَلَ *damala*, labourer la terre, y mettre du fumier.

دَمَّيَ *dammiya*, faire entrer avec facilité.

طَمَّ *thamma*, remplir, couvrir.

طَهَا *thamâ*, être rempli.

طَهَلَ *thamala*, faire marcher vite.

طَهَثَ *thamatsa*, couvrir.

---

Le radical DL désigne *marcher, mettre en mouvement; donner une direction;* voici les racines verbales qui en sont dérivées :

دَلَّ *dalla*, conduire, diriger, faire marcher, montrer le chemin.

دَلَثَ *dalatsa,* marcher à petits pas; *indalatha,* marcher vite.

دَلَجَ *daladja,* dont le dérivé est أَدْلَجَ *adladja,* se mettre en route au commencement de la nuit.

دَلَحَ *dalah'a,* marcher courbé et à petits pas.

دَلَفَ *dalafa,* marcher lentement et à petits pas.

دَلَقَ *dalak'a,* dont le dérivé est اِنْدَلَقَ *indalak'a,* marcher en avant, sortir.

دَلَا *dalâ,* marcher avec vitesse.

La racine sanskrite तिल्ल *til,* se mouvoir, appartient au même radical.

---

Le radical DN désigne ce qui est *bas* et *petit,* comme dans les racines arabes:

دَنَّ *danna,* avoir les pieds antérieurs trop courts, marcher courbé, avoir la tête et la poitrine tournées contre la terre.

دَنَأَ *danaâ,* être courbé et bossu; être en mauvais état.

دَنَّبٌ *dannabon,* petit de stature.

دَنَحَ *danah'a,* être petit et bas.

دَنَّخَ *dannakha,* s'humilier, s'incliner, avoir la tête inclinée vers la terre.

دَنَعَ *dana'a,* se soumettre, être vil et abject.

دَنِفَ *danifa,* le soleil décline vers l'occident.

دَنَّقَ *dannak'a,* le soleil baisse vers l'occident.

---

DB, DF et TB ont la signification de *battre, donner un coup, blesser;* par exemple :

دَبَا *dabâ*, donner un coup, pousser.

دَفِرَ *dafira*, pousser et enfoncer dans la poitrine.

دَفَعَ *dafa'a*, pousser, persécuter, chasser quelqu'un.

دَفَا *dafâ*, se jeter sur un blessé et le tuer.

تَبَّ *tubba* et تُبَّ *tobba*, tuer, blesser quelqu'un.

تَبَرَ *tabara*, tuer, briser en morceaux.

تَبَلَ *tabala*, tuer, détruire, affliger quelqu'un.

تَبَا *tabâ*, commencer le combat.

طَبَلَ *thabala*, battre le tambour.

طَبَعَ *thabaa'*, frapper, pousser.

Cette série rappelle les racines sanskrites तुब् *toub*, तुभ् *toubh* et तुप् *toup*, qui signifient *frapper*, *blesser*, *tuer*, ainsi que le verbe grec τύπτω.

---

La syllabe DB ou DF désigne encore ce qui est lent, comme dans :

دَبَّ *dabba*, marcher lentement, ramper.

دَبِيّ *dabîn*, marche lente.

دَفَّ *daffa*, se diriger lentement et pas à pas vers quelque chose.

---

DJR signifie *tirer, arracher,* comme dans les racines arabes :

جَرَّ *djarra*, tirer, arracher.

جَرَدَ *djarada*, arracher, ôter comme la peau, ou un habit.

جَرَعَ *djara'a*, attirer l'eau avec la bouche, humer.

جَرَمَ *djarama*, enlever, ôter.

---

DJZ ou DJD indique l'idée de *couper, trancher ;* par exemple :

جَزَّ *djazza*, couper, trancher, tailler.

جَزَرَ *djazara*, couper, trancher, tailler.

جَزَعَ *djaza'a*, couper, trancher, tailler.

جَزَلَ *djazala*, couper, trancher, tailler.

جَزَمَ *djazama*, trancher, amputer.

جَدَّ *djadda*, découper.

جَدَعَ *djada'a*, amputer un membre.

جَدَفَ *djadafa*, amputer.

جَدَمَ *djadama*, amputer.

جَذَّ *djadzdza*, briser, couper.

جَذَمَ *djadzama*, couper, trancher.

جَذَفَ *djadzafa*, couper, trancher.

جَذَمَ *djadzama*, amputer, tronquer.

Ce radical se retrouve dans le sanskrit जष् *djach* et झष् *djahch*, couper, blesser, tuer ; चट् *tchaṭ*, fendre, diviser.

---

Le radical KHB ou KHF désigne *une intention secrète* ou quelque chose de *caché*, comme dans les racines arabes :

خَبَا *khabâ*, tenir secret, cacher.

خَبَّ *khabba*, tromper, séduire, corrompre.

خَبَثَ *khabatsa*, être mauvais et de mauvaise qualité, corrompre.

خَبَعَ *khaba'a*, cacher.

خَبَلَ *khabala*, corrompre, rendre mauvais.

خَفَا *khafa*, cacher.

خَفَتَ *khafata*, parler bas ensemble.

---

KHL renferme l'idée de *l'arrachement ;* ce radical devient SL par un son sifflant donné au KH initial (1) :

خَلَبَ *khalaba*, blesser avec les ongles, soustraire, arracher.

خَلَجَ *khaladja*, tirer, arracher, prendre de force.

خَلَسَ *khalasa*, voler, tirer à soi, arracher.

خَلَعَ *khala'a*, extraire, arracher.

سَلَّ *salla*, extraire, tirer à soi.

سَلَبَ *salaba*, prendre de force, arracher, voler.

سَلَتَ *salata*, arracher les intestins avec la main.

شَلَا *chalâ*, enlever une chose.

---

(1) Voyez les *Principes de l'étude comparative des Langues*, p. 58.

Le radical RT représente l'idée de *fermer ;* il se trouve dans les racines arabes :

رَتَجَ *ratadja*, fermer une porte.

رَتَقَ *rata k'a*, fermer, resserrer.

رَتَا *ratâ*, serrer un nœud, serrer, resserrer.

رَدَمَ *radama*, fermer une porte.

رَتَّ *ratta*, bégayer, ce qui se fait quand la langue obstrue la bouche.

Le verbe sanskrit रुध् *roudh*, resserrer, fermer, appartient à ce même radical.

---

KM désigne *ce qui est caché, fermé*, comme dans :

كَمَّ *kamma*, couvrir, cacher, obstruer.

كَمَنَ *kamana*, se cacher.

كَمَى *kamaï*, se couvrir, mettre un habit, se cacher.

كَمِهَ *kamiha*, devenir aveugle, être aveugle.

De même en changeant M en N.

كَنَّ *kanna*, couvrir quelque chose, cacher.

كَنَزَ *kanaza*, cacher, mettre en sûreté.

كَنَسَ *kanasa*, se rendre dans un endroit caché.

كَنَفَ *kanafa*, entourer, garder, conserver.

---

LB présente l'idée de *s'arrêter, ne pas bouger*, comme dans :

لَبَّ *labba*, s'arrêter, rester dans un endroit.

لَبَثَ *labatsa*, s'arrêter, rester où l'on est.

لَبَدَ *labada*, s'arrêter, rester où l'on est.

لَبَىَ *labiya*, s'arrêter.

---

Le radical MT désigne *la mort*, comme on voit par les racines sémitiques :

ماتَ *mâta*, tuer; et مَوْتٌ *mavton*, la mort.

מות *maut*, mourir, en hébreu.

Le même radical se trouve en sanskrit dans les racines verbales माथ् *mât'h*, मुथ् *mout'h*, मेथ् *met'h*, मिद् *mid* et मेद् *med*, qui signifient *tuer*. Dans tous les idiomes mailais, مات *mati* est mourir ou tuer; dans le dialecte mexicain de Cora, *mouéat* a la même signification.

---

KL signifie aussi *détruire*, *blesser*, *tuer*; en arabe :

كَلَمَ *kalama*, blesser.

قَلِتَ *k'alita*, mourir, se perdre; قَلَتٌ *k'alaton*, mort, trépas.

كَلَى *kalai*, blesser dans les reins.

Nous trouvons la même racine dans d'autres langues :

Sanskrit, काल *kâla*, la mort.

Anglais, *to kill*, tuer.

Finnois, *couolo*, la mort.

Hongrois, *halàl* (prononcez *khalàl*), la mort.

Ostiake de Loumpokol, *koul,* la mort.

Buraite (Mongol), *koul,* la mort.

Kalmuk, *oukul,* la mort.

Vogoul de la Tchioussovaïa, *kalam*, la mort.

Zyriaine, *kolem,* la mort.

Tcheremisse sur le Volga, *kolen*, *kolid,* la mort.

Moïtai dans l'Inde, au-delà du Gange, *hallo*, tuer.

Passouko, dans la même partie de l'Inde, *klo*, tuer.

Les racines suivantes paraissent également appartenir à ce radical :

قَلَعَ *k'ala'a*, arracher, extirper.

قَلَحَ *k'alah'a*, extirper un arbre.

قَلَفَ *k'alafa*, découper, amoindrir.

قَلَمَ *k'alama*, couper par morceaux.

---

Un autre radical, qui signifie *mourir*, est FT ; nous le trouvons dans les racines arabes suivantes :

فَاتَ *fâta*, mourir.

فَاطَ *fatha*, mourir.

فَطَسَ *fathasa*, mourir.

فَاضَ *fâdsa*, mourir.

بَعِدَ *bay'da*, se perdre, mourir.

En sanskrit nous avons le même radical dans पुथ् *pout*, tuer.

---

SR et d'autres consonnes sifflantes, suivies d'un R, ont la signification de *sortir, faire sortir,* comme on le voit dans cette série de racines arabes :

ثَرَّ *tsarra*, l'eau sort de la terre.

سَرَأَ *seraâ*, faire sortir les jeunes oiseaux des œufs : être très-prolifique.

سَرَبَ *saraba*, sortir.

سَرَحَ *sarah'a*, mettre en liberté. سرّح *sarrah'a*, mettre nu.

شَرَقَ *charak'a*, le soleil se lève.

شَرَخَ *charakha*, la dent sort des gencives.

شَرَحَ *charah'a*, expliquer, faire sortir le sens d'une parole, ouvrir.

شَرَدَ *charada*, se sauver, fuir.

---

Le radical SR, TSR, CHR, etc., signifie *couper, fendre, faire entrer avec force;* par exemple :

سَرَّ *sarra*, couper, fendre, faire entrer.

صَرَمَ *szarama*, couper à plusieurs reprises.

صَرَى *szaraï*, séparer en rompant ou en brisant.

ضَرَّ *dsarra*, blesser, faire du mal à quelqu'un.

ضَرَّبَ *dsarraba*, frapper, donner un coup qui s'imprime.

ثَرَدَ *tsarada*, casser en morceaux.

ثَرِمَ *tsarima*, casser tout-à-fait.

سَرَّمَ *sarrama*, couper en petits morceaux.

شَرَمَ *charama*, fendre.

شَرَنَ *charana*, le rocher est fendu.

زَرَجَ *zaradja*, pousser avec le bout inférieur de la lance.

زَرَحَ *zarah'a*, casser la tête à quelqu'un.

زَرَقَ *zarak'a*, jeter la lance contre quelqu'un et le blesser.

Ce radical se rencontre dans le sanskrit शुर् *shour*, blesser.

---

Mais le radical SR signifie encore *serrer, cacher,* comme le démontrent les racines arabes suivantes :

سَرَّ *sarra*, cacher, se cacher.

زَرَمَ *zarama*, être tenace, aimer à garder, être avare.

زَرَّ *zarra*, boucler, resserrer une boucle; fermer les yeux.

زَرَدَ *zarada*, étrangler.

سَرَجَ *saradja*, mettre le frein.

سَرَدَ *sarada*, coudre, attacher en cousant.

شَرَجَ *charadja*, serrer, fermer la bourse.

صَرَّ *szarra*, serrer, nouer.

---

Le radical NK a la signification d'*extraire quelque chose d'un creux;* de là les racines arabes :

| | |
|---|---|
| نَقَتَ *nak'ata*, | qui signifient *extraire la moelle de l'os.* |
| نَقَحَ *nak'ah'a*, | |
| نَقَثَ *nak'atsa*, | |
| نَقَا *nak'â*, | |

---

Le radical FR a la signification de *fendre*, comme dans :

فَرْفَرَ *farfara*, fendre avec le sabre. (Ce verbe de quatre lettres est incontestablement composé de deux *fara* répétés.)

فَرَثَ *faratsa*, fendre, découper, diviser.

فَرَجَ *faradja*, fendre.

فَرَصَ *farasza*, couper, fendre.

فَرَضَ *faradha*, couper, faire une incision.

فَرَمَ *farama*, couper par morceaux.

فَرَى *faraï*, couper, fendre.

---

Mais FR signifie aussi *s'éloigner, fuir*; par exemple :

فَرَّ *farra*, fuir, s'enfuir.

فَرَّدَ *farrada*, s'enfuir, s'en aller, s'éloigner, séparer.

فَرَزَ *faraza*, éloigner, séparer.

فَرَطَ *faratha*, dépasser, arriver avant quelqu'un en le laissant en arrière.

فَرَقَ *farak'a*, séparer, distinguer, s'en aller.

---

MS ou MCH désigne *mêler*, comme nous le voyons dans le latin *miscere*, dans l'allemand *mischen*, dans l'esclavon *mèchat*, dans le persan آميزيدن *amiziden*, dans le sanskrit मक्ष् *max*, et dans l'arabe :

مَاشَ *macha*, mêler ; de là مَيْش *maïch*, mélange de laine et de poil de chèvre.

مَشَجَ *machadja*, mêler ensemble.

مُشْط *mechth*, mélange, chose mêlée.

مَزَجَ *mazadja*, mêler une chose avec l'autre ; en hébreu, מֶזֶג *mazag*, mélange ; en syriaque *mzag*, mêler.

מָסַךְ *mâsak'*, en hébreu, mêler.

---

Un autre radical qui a la signification de *mêler*, est KHL ou GHL, comme dans les racines arabes :

خَلَطَ *khalatha*, mêler ; en syriaque *khlath*.

غَلَثَ *ghalatsa*, mêler, mêler une chose avec une autre.

Et par un changement du غ *gh* en ع *a'*, عَلَثَ *'alatsa*, mêler.

غَلَّ *ghalla*, introduire une chose dans l'autre.

---

Le radical SH' a la signification de *frotter, gratter*, comme dans les racines :

سَحَا *sah'â*, doler, polir avec la doloire.

سَحَجَ *sah'adja*, gratter, graver sur quelque chose.

سَحَقَ *sah'ak'a*, frotter, se frotter l'un contre l'autre.

سَحَلَ *sah'ala*, rendre lisse en frottant, polir.

سَحَنَ *sah'ana*, rendre lisse en frottant, froisser.

---

On a dû remarquer, dans les exemples précédens, que les racines arabes, dépouillées de la troisième consonne, offrent pour la plupart des ressemblances frappantes avec les radicaux sanskrits. Voici encore un bon nombre d'exemples de racines hébraïques, qui correspondent avec le sanskrit ; il ne serait pas difficile d'augmenter considérablement cette liste.

Le radical KR présente, dans les langues sémitiques, l'idée de *creuser, fouir, couper, faire une incision ;* ainsi nous avons

| EN HÉBREU : | EN SANSKRIT : |
|---|---|
| קוּר *kour,* creuser, fouir.<br>כָּרָה *kârah,* creuser, fouir.<br>קרע *kara'a,* rompre, fendre.<br>קָרַץ *kârats,* faire une incision.<br>כָּרַת *kârât,* faire une incision, découper. | खुर् *k'hour,* fendre, couper, creuser. |

Voici encore d'autres exemples du même genre :

| | |
|---|---|
| שָׂרַף *sâraf,* brûler.<br>צרב *tsârab,* ou צָרַף *tsâraf,* brûler. | चुर् *tchour,* brûler. |
| זהר *dzahar,* briller. | सुर् *sour,* briller. |
| קֶרֶן *kæren,* corne. | शृंक *shrinka.* (D'après le changement de श *sh* en *k,* indiqué dans les *Principes* de M. de Merian, p. 38.) |
| רָתַם *râtam,* lier, joindre.<br>רתק *ratak,* joindre, lier. | रुध् *roud'h,* lier, mettre un frein, cerner de près. |

| | |
|---|---|
| מָדַד *mâdad*, mesurer. | माड् *mad*, mesurer. |
| לָאַת *lâat*, couvrir, envelopper.<br>לות *lout*, couvrir, cacher. | लुड् *loud*, couvrir, cacher. |
| מָטַר *mâtar*, pluie. | मुड् *moud*, humide (latin *madidus*). |
| נָדַד *nâdad*, se mouvoir. | नट् *naṭ*, mouvoir, être mu. |
| שׁוּר *sour*, être le premier, le prince.<br>שָׂרַר *sârar*, régner sur les autres. | शूर् *shour*, être le plus fort, vaincre. |
| נָתַץ *nâthats*, détruire, démolir.<br>נָתַק *nâthak*, casser, mettre en morceaux.<br>נָתַשׁ *nathach*, extirper. | नट् *naṭ*, blesser, détruire, tuer.<br>नुड् *noud*, blesser, tuer. |
| לוץ *louts*, se jouer de quelqu'un, se moquer. | लड् *lad*, badiner, jouer. |
| שָׂרַט *sârat*, faire une incision. | छुर् *tch'our*, couper. |
| זור *tsour*, s'en aller. | चर् *tchar*, s'en aller. |
| תְּרַע *thera'a*, porte (*chaldéen*). | द्वर् *dvara*, porte. |
| נָשַׁק *nâchak*, baiser. | निस् *nis*, baiser. |
| בָּלַל *bâlal*, mêler. | बुल् *boul*, mêler. |
| נָשַׁת *nâchat*, périr. | नश् *nash*, péri. |

| | |
|---|---|
| פָּלַג *philêg*, diviser.<br>פָּלַח *phâlakh*, dépecer, découper. | फल् *phal*, découper, fendre. |
| קְטַר *kétar*, lier. | कीट् *kîṭ* et गुड् *gouḍ*, lier. |
| נָתַר *nâthar*, sauter. | नट् *naṭ*, sauter, danser. |
| כִּתֵּר *kithêr*, ceindre, entourer. | गुठ् *gouṭh* et गुड् *gouḍ*, entourer, habiller. |
| מָנָה *mânâh*, supputer. | मन् *man*, réfléchir. |
| בָּרָה *bârâh*, manger. | पृ *pri* et भृ *bhri*, nourrir, se remplir. |
| شَتَّ *chatta*, séparer. | सट् *saṭ*, séparer; en allemand *scheid-en*. |
| כָּמַה *kâmah*, désirer. | कम् *kam*, désirer. |
| בָּרַר *bârar*, choisir, élire. | पृ *pri*, choisir, élire. |
| בָּרָא *bârâ*, créer, faire. | पृ *pri*, faire, travailler.<br>पार् *pâr*, finir, terminer un travail. |
| קָפַץ *kâpats*, fermer, cacher. | कुब् *koub*, couvrir, cacher. |
| קָטַף *kâthap*, cueillir, arracher. | कूड् *koûḍ*, arracher, brouter l'herbe. |
| קַיִט *kaït*, chaleur, été (*chaldéen*). | कुट् *kouṭ*, chauffer. |
| כָּתַב *kâtab*, écrire. | कीट् *kîṭ*, transcrire, copier. |

# TABLE DES MATIÈRES.

## PREMIÈRE PARTIE.

Pages.

§ 1. De l'unité et de la pluralité........................ 1
§ 2. Du langage.............................................. 2
§ 3. Science du langage..................................... 2
§ 4. De l'analogie des langues............................. 3
§ 5. De l'unité des langues.................................. 3
§ 6. Notions préliminaires et exemples................... 4
§ 7. Aperçu général.......................................... 5
§ 8. Racines.................................................... 5
§ 9. Parties du discours...................................... 11
§ 10. De la filiation des langues............................ 12
§ 11. De la comparaison....................................... 16
§ 12. Du changement des sons des lettres................. 17
§ 13. De la parenté générale des idiômes du globe, comme dérivant d'une langue primitive, et de la classification de ces idiômes par familles........................ 17
§ 14. Des formes radicales et grammaticales, et de la différence de leur influence dans l'application de la comparaison.. 18
§ 15. De l'unité et de l'étude comparative des langues, et de la connaissance des racines........................ 22
§ 16. De quelques-uns de ceux qui se sont occupés de l'étude des langues............................................ 26

## SECONDE PARTIE.

§ 17 et 18. Remarque sur la parenté générale des langues..... 27
§ 19 à 26. Sur le changement des lettres.................... 29

## TROISIÈME PARTIE.

### VOCABULAIRES.


| | Pages. | | Pages. | | Pages. |
|---|---|---|---|---|---|
| Eau | 42 | Montagne | 90 | Langue | 137 |
| Feu | 50 | Pierre | 94 | Front | 143 |
| Pluie | 56 | Tête | 100 | Ventre | 146 |
| Vent | 60 | Cheveux | 107 | Blanc | 152 |
| Soleil | 65 | Œil | 112 | Noir | 157 |
| Lune | 72 | Nez | 119 | Rouge | 162 |
| Étoile | 78 | Bouche | 124 | | |
| Terre | 83 | Dent | 132 | | |

§ 27. Comparaison des mots basques avec les mots des autres langues de notre hémisphère ..... 168

§ 28. Mots coptes comparés avec d'autres langues ..... 176

§ 29. Comparaison des langues américaines avec les idiômes de l'ancien continent ..... 184

Observations sur les racines des langues sémitiques, par M. Klaproth ..... 207